Wilfried Ahrens/Hans B. Kaufmann/Herbert Ochel

In einem Boot

Schüler und Lehrer als Christen in der Schule

Herausgegeben im Auftrag
der Schülerarbeit der SMD,
des Comenius-Institutes,
der Arbeitsgemeinschaft Evangelischer Erzieher
in Deutschland

R. Brockhaus Verlag Wuppertal

R. Brockhaus Taschenbuch Bd. 319

Vorbereitung der Tagung und Mitwirkung bei der Redaktion: Wilfried Ahrens, Volker Albrecht, Hartmut Bärend, Dr. H.H. Böhm, Karl Häberle, Dierk Hansen, Dr. Hans B. Kaufmann, Herbert Ochel, R. Pohl, Anke Richter, Klaus Schilbach, Gerhard Schöps, Erika Sturm, Charlotte Walter, Thomas Wieder

Umschlagfoto: Edda Buß, Hildesheim
Umschlaggestaltung: Carsten Buschke, Solingen
Gesamtherstellung: Breklumer Druckerei Manfred Siegel

ISBN 3-417-20319-8

INHALT

»Lehrer sind auch Menschen«

Das war für Silke die wichtigste Erkenntnis der Arbeitstagung für Lehrer und Schüler, die im November 1980 in Homberg-Hülsa bei Kassel stattfand: »Als Schülerin war es für mich besonders positiv, daß die Lehrer in unserer Gruppe immer bemüht waren, auch die Standpunkte der Schüler kennenzulernen«, schrieb sie nach der Tagung. »Ich fand es auch wichtig, die Meinungen der Lehrer zu hören. Überhaupt war das Verhältnis von Lehrern und Schülern auf dieser Tagung ausgesprochen gut, weil wohl auch beide Seiten bemüht waren, einander zu verstehen und voneinander zu lernen. Ich denke, die größte Erkenntnis dieser Tagung (jedenfalls in unserer Gruppe) war die Erkenntnis der Schüler: Lehrer sind auch Menschen. Es wurde deutlich, daß das Menschliche und Persönliche in der Schule einfach zu kurz kommt. Schüler sehen ihre Lehrer oft nicht als menschliches Gegenüber, sondern als Feind. Sie sehen hauptsächlich die negativen Seiten und vergessen schnell, was positiv war. Die Fehler der Lehrer werden hochgespielt. Man erwartet von einem Lehrer, daß er ausgeglichen und immer gerecht reagiert, wobei man vergißt, daß ein Lehrer auch nur ein Mensch ist. Ich glaube«, schreibt Silke weiter, »daß es gerade für Christen eine wichtige Aufgabe ist, zur Annäherung von Lehrern und Schülern beizutragen.«

Zu dieser Tagung hatten das Comenius-Institut, die christliche Schülerarbeit der Studentenmission und die Arbeitsgemeinschaft evangelischer Erzieher eingeladen. 70 Schülerinnen und Schüler (der Klassen 10–13), 50 Lehrkräfte und Mitarbeiter aus der Schülerarbeit sowie einige Elternvertreter nahmen daran teil.

Mit dieser Arbeitstagung hatten wir uns drei Ziele gesetzt:

1. Lehrer und Schüler sollten einander als Menschen begegnen, ihre Erfahrungen und Ansichten austauschen

und über den Unterricht hinaus neu die gemeinsame Verantwortung für das Leben in der Schule erkennen und wahrnehmen lernen.

2. Lehrer und Schüler sollten einander als Christen begegnen und miteinander überlegen: Welche Bedeutung hat der christliche Glaube für das gemeinsame Leben und Lernen von Schülern, Lehrern und Eltern? Wie ist es möglich, auch im Raum der Schule miteinander zu glauben und als Christ zu leben? Was können wir tun, um Mitschülern, Kollegen und Eltern Jesus Christus zu bezeugen und ihnen zum Glauben Mut zu machen?
3. Die Teilnehmer der Tagung sollten versuchen, aufgrund eigener Erfahrungen Anregungen und Perspektiven für die weitere Arbeit und das Zusammenleben in der Schule zu entwickeln. In diesem Zusammenhang ist die Idee entstanden, Beiträge und Arbeitsergebnisse der Tagung als eine Art Arbeitshilfe zu veröffentlichen, um auch andere zu informieren und zu unterstützen.

Viele Jahre hindurch ist die Frage nach dem Christsein in der Schule vernachlässigt oder nur auf den Religionsunterricht beschränkt worden. Wir gehen jedoch davon aus, daß Jesus Christus und die Gemeinschaft mit ihm in allen Bereichen der Erziehung einen entscheidenden Einfluß haben sollten, vor allem aber in der Begegnung der Generationen und für die Lebenszuversicht und die Zukunftsperspektiven junger Menschen.

Wir sind ferner der Auffassung, daß die gegenseitige Isolierung der an der Schule beteiligten Gruppen – Schüler, Lehrer, Eltern – überwunden werden muß, wenn das Klima an unseren Schulen besser und der Umgangsstil menschlicher werden sollen. Augenblicklich überwiegen in vielen Schulen Angst, Mißtrauen, ja Gegnerschaft in den Beziehungen untereinander.

Dazu ist es allerdings auch erforderlich, daß Verbände und Arbeitskreise auf Lehrer-, Schüler- und Elternseite miteinander sprechen und zusammenarbeiten. Auf diese

Weise können Möglichkeiten für ein gemeinsames Leben, Lernen und Handeln in der Schule und im Freizeitbereich entwickelt werden.

Mit diesem Buch möchten wir die Erfahrungen und Anregungen der Tagung weitergeben. Das Einführungsreferat umreißt die gegenwärtige Situation und die Aufgabenstellung. Die Berichte, Arbeitshilfen und Materialien enthalten konkrete Hinweise und Vorlagen für die Arbeit der Schülerkreise, aber auch für das Gespräch zwischen Schülern, Lehrern und Eltern und für den Unterricht. Der letzte Abschnitt eignet sich besonders zur Vertiefung der Diskussion über die erzieherische Verantwortung der Schule.

Die Beiträge des dritten Kapitels sind z.T. während der Tagung, z.T. vom Redaktionskreis erarbeitet worden. Soweit sie in der Gruppe entstanden, sind sie nicht namentlich gekennzeichnet.

W. Ahrens H.B. Kaufmann H. Ochel

In der Liebe bleiben geliebt werden

trotz drei Fünfen im Zeugnis!?
trotz vergessener Hausaufgaben!?
trotz frecher Widerworte!?
trotz der Eintragung ins Klassenbuch!?
trotz verbauter Mathematikarbeit!?
trotz unaufgeräumtem Zimmer!?
trotz Sitzenbleiben!?

trotz Stören, Ärgern, Faulenzen!?
trotz nicht erreichtem Abschluß!?
trotz unordentlicher Kleider, Hefte, Haare ...!?
trotz unerwünschtem Freund (Freundin)!?

Von der Freiheit des Evangeliums reden setzt voraus, daß die Tatsache der unaufhebbaren Unvollkommenheit des Menschen angenommen und gegen Perfektionsansprüche politischer und pädagogischer Art verteidigt wird.

Die Schule muß deshalb so organisiert sein, daß der Schüler in seiner menschlichen Unvollkommenheit ständig erleben kann, daß er in seiner Würde geachtet, mit seinen Fehlern geduldet und als Geschöpf GOTTES ernstgenommen ist, ehe er notwendigen Leistungsforderungen und Leistungsbewertungen ausgesetzt ist.

H.g. Arbeitsgemeinschaft Evangelischer Erzieher in Deutschland (AEED) · Bundesvereinigung Evangelischer Eltern und Erzieher e. V. (BEE)

1. Christsein an der Schule heute

von Hans Bernhard Kaufmann

Dieses Thema enthält für mich zwei Akzente, die sich scheinbar widersprechen. Ich möchte sie durch zwei Sätze umschreiben:

Für Christen ist an der Schule kein Platz mehr;
Christen sind an der Schule notwendiger denn je!

Voranstellen möchte ich eine kurze Skizze: Wie erleben viele Schüler, Lehrer, Eltern heute die Schule? In einem weiteren Abschnitt spreche ich dann über die Voraussetzungen für das Leben und die Arbeit christlicher Lehrer und Schüler.

Als Einstieg zitiere ich aus einem Interview mit Dr. Remmers, dem niedersächsischen Kultusminister, zum Thema »Wo bleibt der Beitrag der Christen in der Erziehung?«. In seinem Beitrag kommt ein neuer Akzent in der Schulpolitik zum Ausdruck:

»Von den Christen erwarte ich, daß sie sich in den jeweiligen Situationen, in die sie in ihrem erzieherischen Bemühen gestellt sind, viel deutlicher zu ihrem Glauben bekennen. Ich habe persönlich in den letzten Monaten eine mich selber beeindruckende Erfahrung gemacht. Als Kultusminister spreche ich in den Schulen z.B. über die Notwendigkeit des Religionsunterrichts und sage mit einer gewissen Selbstverständlichkeit, Religionsunterricht muß sein. Wir wollen uns bemühen, mehr Religionslehrer auszubilden, um den Unterrichtsausfall, der ja im Religionsunterricht besonders gravierend ist, zu beseitigen. Und dann kommt plötzlich die Frage in der Diskussion: Ich setzte das so selbstverständlich voraus; ob ich das nur von Amts wegen so sagte oder ob ich denn wirklich der Meinung sei, der Religionsunterricht sei notwendig. Oder: was das denn sei, wenn ich von Glaube redete.

Ich erinnere mich noch an eine andere Diskussion, wo ich unmittelbar vor die Frage gestellt wurde: ›Nun sagen Sie doch erstmal, glauben Sie denn, und warum glauben Sie denn, und an was glauben Sie denn?‹ Da war ich plötzlich in der Situation, daß ich sagen mußte: ›Es ist eigentlich wahr, dieser zweifelnde oder vielleicht sogar atheistische Fragesteller hat mich ertappt bei einer sehr formalen Antwort‹. Ich mußte nun gewissermaßen mein Herz in beide Hände nehmen und sagen, was für mich Glaube heißt. Und ich habe das dann getan in dieser Diskussion. Ich habe gesagt, daß ich glaube und gewiß bin, daß es einen Gott gibt. Ich habe versucht zu umschreiben, was es für mich bedeutet, daß ich an einen Gott glaube. Und ich stellte dann plötzlich in der Diskussion fest, daß wir auf einmal auf einer völlig anderen Ebene waren, daß nun die Zuhörer – auch wenn einige sagten: Wir nehmen dir das nicht ab, wir können das so nicht glauben – doch davon beeindruckt waren. Und sie sagten: Wir respektieren es, wenn du sagst, daß du glaubst. Dies hat nun mich wieder sehr beeindruckt, so daß ich jetzt bei meinen Reden . . . die Linien möglichst so weit ausziehe, daß es dann dazu kommt, persönlich als Christ Stellung zu nehmen. Wenn es zum Beispiel um die Frage geht: Wie kann man Schüler motivieren zum Lernen, sich anzustrengen? Wie kann man ihnen eine Sinnperspektive öffnen? sage ich etwa: ›Glücklich wird man nur, indem man andere glücklich macht.‹ Und wenn sich die Situation ergibt, bin ich auch bereit, das biblisch zu begründen. – Ich meine, das wäre ein wichtiger Beitrag der Christen in der Erziehung: vom Vater über den Lehrer bis zum Kultusminister.«*

In dieser Aussage wird ein bestimmtes Verhältnis von persönlichem Engagement und fachlicher Arbeit sichtbar, auf die ich später zurückkommen möchte. Wichtig ist nur, daß Remmers zwischen der Rolle des Kultusministers (bzw. des Lehrers), der die Leute informiert, und der persönlichen

* Interview, erschienen in Brennpunkt Erziehung, 5. Jahrg. (1980), Nr. 5, S. 1f.

Stellungnahme als Christ unterscheidet. Offensichtlich hat er neu entdeckt, daß er nicht nur als Kultusminister, sondern auch als Mensch und Christ Stellung nehmen muß.

1.1 Leiden an der Schule

Ich habe vor einiger Zeit den Bericht eines Lehrers über seine Arbeit in der 9. Klasse gelesen. Aus diesem Bericht möchte ich einen Ausschnitt zitieren, weil er mir außerordentlich kennzeichnend zu sein scheint.*

»Der Unterricht hatte seit 10 Minuten begonnen. Mit freundlichen Bitten, ernsteren Ermahnungen, schließlich mit wütenden Zurechtweisungen war es mir gelungen, die Jugendlichen von ihren tausend Beschäftigungen abzubringen, die ihnen weitaus wichtiger waren, als mein Unterricht«. Dann fährt er überraschend fort: »Da erschien mir meine Rolle mit einem Male ungeheuer absurd. Wozu quälte ich mich ab vor diesem Haufen von Jugendlichen, wozu vollführte ich diese Maskerade von strengen Gesten und Verweisen, die mit mir selbst, mit meiner Person nicht das Geringste zu tun hatten. Wozu rieb ich mich in zweieinhalb Jahren in ständig neuen Auseinandersetzungen mit diesen Jugendlichen auf, die der Schule nichts als Ablehnung und Desinteresse entgegenzubringen schienen, die hier in der Schule in mir nur ihren Gegner sahen, so freundschaftlich und offen sie mir auch außerhalb der Schule begegneten.«

Indem der Lehrer nach diesem Erlebnis über die Situation etwas intensiver nachdenkt, stellt er ehrlich fest: »Aber

* H. Kuhlmann, Erneuter Versuch, gegen die Schule anzurennen. In: Die Deutsche Schule, 71. Jahrg. (1979), Heft 3, S. 177ff.

ebenso wie die Schüler ihre Abwehr und ihren Widerstand gegen uns als Lehrer richten, erscheinen auch uns die Schüler, wenn wir ihnen gegenüberstehen, als unsere Gegner, als die Ursache unserer körperlichen und seelischen Erschöpfung.« Und weiter heißt es: »Zwar verurteilen wir diese Selektionsmechanismen der Schule (die Auslese der ›Versager‹), sind aber doch froh, wenn ein Schüler, der uns immer wieder den Unterricht kaputt macht, die Klasse verläßt. Zwar ist es völlig klar, daß unser Unterricht zu weiten Teilen wirkungslos und überflüssig ist; wir fühlen uns jedoch persönlich gekränkt, wenn uns Schüler dies vorhalten und es mit Unlust und Aufsässigkeit quittieren.« Dieser Lehrer beschreibt aber auch seine Niedergeschlagenheit und seine Selbstzweifel, die ihn erfaßten, wenn er sah, »daß gerade solche Jugendliche, die ich um ihren Stolz und um ihre Unbeugsamkeit beneidete, in der Schule zu meinen Gegnern wurden und mich zu Maßnahmen zwangen, die meinen pädagogischen Absichten völlig widersprachen.«

Gestern abend am Tisch haben wir eine solche Situation diskutiert. Martin erzählte, wie er durch die Klasse dazu gedrängt wurde, einem neuen Lehrer, der sich nicht durchsetzen konnte, mit anderen zusammen das Leben schwer zu machen. Erst hinterher sei ihm bewußt geworden, in welchem Zwiespalt er gestanden habe. Persönlich habe er dem Lehrer gar nichts antun wollen, aber unter Klassendruck mitgemacht (vgl. unten S. 117).

Bei Lehrern kann es ganz ähnlich sein. Wir haben das vorhin gesehen in der Szene, die hier gespielt wurde. Vor der Klasse versteift sich der Lehrer auf eine bestimmte Forderung im Gespräch mit seinem Schüler; hinterher gibt er zu: »Ich hab das sofort eingesehen, schon beim zweiten Satz. Aber ich kann mich doch vor der Klasse nicht blamieren und meine Autorität in Frage stellen, indem ich das wieder zurücknehme.« (vgl. unten S. 112) Offensichtlich sind hier Zwänge auf beiden Seiten wirksam, die die Lehrer-Schüler-Beziehung belasten.

Viele Schüler erleben Schule als notwendiges Übel. Sie passen sich an, um durchzukommen, um die Versetzung zu erreichen, um das Abitur mit einer möglichst guten Note zu schaffen. Im Grunde aber sind sie distanziert.

Eine Oberstufenschülerin aus Augsburg schildert ihre Erfahrungen in der Oberstufe: »Ein Großteil der Schüler sieht die Schule als Mittel zum Zweck. Ein notwendiges Übel . . . Dazu kommt die Flut von Kursarbeiten und Klausuren, deren Punkte sich innerhalb von zwei Jahren summieren. Der Schüler verliert die Übersicht, sein persönliches Interesse kann sich nicht entfalten, dazu wäre etwas mehr Zeit und Muße nötig. Die Folge ist, daß sich der Schüler nur mehr auf Fächer konzentriert, in denen er mit möglichst geringem Arbeitsaufwand viele Punkte gewinnen kann. Andere Fächer, die ihn persönlich interessieren, muß er als unnötigen Ballast fallen lassen.

Die unmenschliche Art der Bewertung treibt einen Großteil der Schüler in die Resignation, das persönliche Engagement kehrt sich in Passivität um, denn er fühlt sich als Mensch getroffen. Die Leistungsanforderungen, die zu erhöhter Labilität bei vielen Schülern führen, drängen die persönliche Bildung immer mehr zurück. Es ist verständlich, daß der Schüler umso mehr auf die Bestätigung durch seine private Umwelt angewiesen ist. Er sucht als Ausgleich für die Frustration in der Schule neue Erfahrungen auf allen möglichen Gebieten, wie Partnerschaft, Hobby, Disco.«*

Was sind das für Einflüsse, die in vielen Schulen und in vielen Erfahrungen von Schülern, Lehrern und Eltern überhand nehmen und von einzelnen nur ganz schwer gesteuert werden können?

Ich möchte das in fünf Punkten zusammenfassen:

1. Schüler und Lehrer leiden unter der zunehmenden Bürokratisierung der Schule. Darunter verstehe ich, daß

* Nach: Katechetische Blätter, 104. Jahrg. (1979), S. 103.

immer mehr Vorgänge immer genauer durch Gesetze, Verfügungen und Anordnungen geregelt werden. Der Freiraum für ein verantwortliches selbständiges Handeln wird eingeschränkt, die Vorschriften werden so eng und kleinlich, daß sie Unlust erzeugen, z.B. die Bewertung der Leistungen nach zehntel Punkten. Die Verwaltungsarbeit nimmt überhand. Diese Entwicklung ist aus mehreren Ursachen entstanden:

- die pädagogischen Entscheidungen sollen juristisch nachprüfbar sein, weil viele gegen Zensuren und Zeugnisse vor Gericht gehen
- die pädagogischen Maßnahmen sollen von oben kontrollierbarer sein, weil viele Politiker Angst haben, Lehrer und Schüler könnten ihre Freiheit mißbrauchen
- die pädagogischen Angebote sollen genauer geplant werden, weil viele Wissenschaftler meinen, dann würden Lehrer besser unterrichten und Schüler besser lernen.

2. Der Mangel an Ausbildungs- und Arbeitsplätzen in der Gesellschaft hat dazu geführt, immer größeres Gewicht auf die Notengebung und Leistungsmessung an den Schulen zu legen. Jeder, der mitkommen will, ist zum Erfolg verurteilt. Ganz gleich, auf wessen Kosten. Je weniger Arbeitsplätze, umso mehr Konkurrenz, je mehr Konkurrenz, umso schärfer die Auslese, je schärfer die Auslese, umso mehr Angst vor dem Versagen, umso weniger kann ich Rücksicht nehmen auf andere. Das ist ein schrecklicher Teufelskreis, der immer mehr Schüler und Lehrer zum Egoismus, zur Taktik, zur Anpassung verführt, um irgendwie durchzukommen.

3. Die Folgen dieser Entwicklung liegen auf der Hand. Lehrer und Schüler begegnen einander immer seltener als Menschen, immer mehr ziehen sie sich auf ihre Rolle zurück. Der Lehrer als Funktionär der Schule und des Staates, der als Fachmann neutral seinen Stoff vermit-

telt, scheinbar objektive Zensuren verteilt – mit weitreichenden Folgen für den Lebens- und Berufsweg eines jungen Menschen. Auch Schüler verhalten sich in der Schule der Schülerrolle gemäß. Oft scheint es gar nicht derselbe Mensch zu sein: So völlig verschieden ist das Verhalten zu Hause, im Freundeskreis, in der Klasse, im Kurs. Daß Lehrer und Schüler freundschaftlich und brüderlich miteinander umgehen, daß sie miteinander Hobbys entwickeln, musizieren, fotografieren, feiern, daß sie gemeinsam für andere Schüler oder Lehrer beten, kommt immer seltener vor und ist an manchen Schulen fast nicht mehr denkbar.

4. Bestärkt wird diese Veräußerlichung und Entleerung durch die gesellschaftliche Situation, die auf die Schule zurückwirkt: Das Leben im Überfluß, die Steigerung des Konsums, der Drang nach Prestige, nach wirtschaftlichem Wachstum, nach technischem Fortschritt, nach militärischer Überlegenheit hat die Erwachsenengeneration in den westlichen Völkern und auch in der Bundesrepublik Deutschland seit den 60er und 70er Jahren so sehr von äußeren Werten und vergänglichen Gütern des Lebens abhängig werden lassen, daß man darüber nur erschrecken kann. So kommt es, daß die heutigen Erwachsenen weithin nur noch »Schauspieler der gesellschaftlichen Ideale sind, die sie beschwören, aber nicht verwirklichen« (Horst Eberhard Richter).

5. Schlimm ist vor allem, daß sehr viele Eltern in dieser Lage kaum helfen können, weil sie selbst in diese Widersprüche verwickelt und verstrickt sind und sich ihren Kindern gegenüber widersprüchlich verhalten. Einerseits unterstützen sie sie und tun alles für ihr Fortkommen. Sie identifizieren sich aber in der Regel so sehr mit den gesellschaftlichen Werten und Zwängen und – oft gegen ihren Willen – mit dem pädagogisch fragwürdigen Leistungsdruck, der durch unsere gesellschaftliche Situation in die Schulen hineinwirkt, daß sie es nicht wa-

gen, die Schule zu kritisieren aus Angst vor Nachteilen für ihre Kinder. Die jungen Menschen empfinden diese Ohnmacht, diesen Zwiespalt der Eltern, und ziehen sich von ihnen zurück: zum Teil innerlich, zum Teil auch äußerlich. Sie leben ihr eigenes Leben – innerhalb oder außerhalb der Familie.

Die meisten Eltern sind gar nicht genug darüber informiert, was eigentlich in der Schule heute so läuft, und warum ihre Kinder ihren Beistand so dringend brauchten.

1.2 Für Christen ist an der Schule kein Platz mehr

Angesichts dieser Beschreibung der schulischen Realität, die als Tendenz heute von allen empfunden wird, habe ich meinen ersten Satz formuliert: »Für Christen ist an der Schule kein Platz mehr«. So erleben es viele, die bisher noch erwartet haben, daß unsere schulischen Bildungseinrichtungen nicht nur nach Verfassung und Gesetz »Christliche Gemeinschaftsschule« (Baden-Württemberg), »Gemeinschaftsschulen auf christlicher Grundlage« (Hessen), »Gemeinschaftsschulen . . . auf der Grundlage christlicher Bildungs- und Kulturwerte« (Nordrhein-Westfalen) sind, sondern auch in der Praxis christliches Leben fördern und den Glauben an Jesus Christus ernst nehmen und nicht erschweren.

Damit können wir aber – von Ausnahmen abgesehen, für die wir dankbar sein können – nicht mehr rechnen. Im Gegenteil! Schüler und Lehrer erleben heute, daß sich in vielen Schulen, Klassen und Kollegien ein Betriebsklima entwickelt, das von Angst und Konkurrenzdenken, von Egoismus und Berechnung, von Resignation und tiefer Interessenlosigkeit geprägt wird. Es bilden sich in vielen Fällen zwar Gruppen oder Cliquen, die dann unter sich zusammenhalten, aber eigentlich mehr, um die Schule zu überleben, um menschlich nicht ganz auszutrocknen, um wenigstens mal etwas unternehmen und erleben zu können, weil man es sonst nicht mehr aushält. Keineswegs geht es um Verantwortung für andere, für die Schule im ganzen. Wer nicht dazugehört, hat es dann umso schwerer. Wer sich zu Jesus Christus bekennt, muß damit rechnen, zum Außenseiter zu werden.

In diesem Klima als Christ zu leben und seinen Glauben zu behaupten, ist psychologisch gesehen fast ausgeschlossen. Wer den Glauben, den er von den Eltern, vom Pfarrer oder von anderen übernommen hat, nur bewahren möchte, wird in der Schule von heute damit Schiffbruch erleiden – genauso wie in der Arbeitswelt oder in der Universität. Machen wir uns nichts vor! Auch nach dem Neuen Testament muß der Christ damit rechnen, Widerspruch und Widerstand zu erfahren. Der Schein einer christlichen Gesellschaft, einer christlichen Schule ist zerbrochen. Schüler und Lehrer, die Christen sind, die Jesus Christus suchen und kennenlernen möchten, sollten sich darüber im klaren sein, daß Gott nur überzeugte Christen in ihrem Glauben bewahren und in seinem Dienst gebrauchen kann. Wer ängstlich an vergangenen Erlebnissen und Erkenntnissen festhalten möchte, wer meint, daß er, um glauben zu können, einen besonderen Schonraum braucht, der wird in der Schule nicht mehr Christ sein können.

1.3 Christen sind an der Schule notwendiger denn je

Wer mir bis hierher gefolgt ist, wird verstehen, daß mein zweiter Satz lautet: »Christen sind an der Schule notwendiger denn je«. Der andere Ansatz, von dem her ich diesen Teil meines Beitrags entfalten möchte, ist darin begründet, daß unser Leben ohne die Gemeinschaft mit Gott, ohne einen Vertrag mit Gott nicht bestehen kann. Das ist wie der Schlüssel zu einem Geheimcode. Die einzelnen Elemente, Buchstaben oder Zahlen haben zwar einen Sinn; aber nur, wenn man den Schlüssel hat, kann man die Nachricht entziffern und verstehen. Wenn einer den Schlüssel nicht findet, dann geht es zu wie bei einem Endlos-Puzzle. Man versucht es immer von neuem, aber es gelingt nicht. Verirrung und Verwirrung, Mißtrauen und Aggression wachsen.

Wenn Erziehung und schulische Bildung die Voraussetzungen unterschlagen oder verstümmeln, die von Gott gesetzt sind, damit wir unser Leben entfalten und gemeinsam gestalten können, kann dabei mehr herauskommen als ein Haus ohne feste Fundamente? »Als ein Wolkenbruch kam und die Wassermassen heranfluteten, als die Stürme tobten und an dem Haus rüttelten, da stürzte es ein und wurde völlig zerstört.« So lautet die Warnung Jesu – und hat er nicht recht? Unsere Fähigkeiten, unsere Kenntnisse, unsere Leistungen, Zensuren und Qualifikationen, auf die es heute scheinbar allein ankommt, das sind Elemente, die an sich gut und sinnvoll sind. Aber darauf kommt es an: Aus welchem Geist heraus erlernen wir sie? Welchem Ziel dienen sie? In welchem Zusammenhang werden sie wirksam? Erkennen wir nicht endlich, daß die Fragen nach dem Geist, in dem wir leben, nach den Motiven und Zielen, die uns leiten, nach dem Lebenszusammenhang und der Gemeinschaft, in denen wir wirken, viel entscheidender sind als all die getesteten und bescheinigten Kenntnisse und Fähigkeiten für sich genommen? Fachunterricht und fachliche Ausbildung sind nur ein schmaler Ausschnitt aus dem Prozeß des Lernens, auf dem Wege zum Erwachsenwerden. Ein wichtiger Ausschnitt, aber eben ein Ausschnitt! Ein Element!

Nur wenn Erziehung wieder als ein Verhältnis von Mensch zu Mensch, als eine Beziehung der Generationen, als gemeinsames Leben und Lernen gesehen wird, bringt das Lernen Freude. Dann kann man auch einmal den Lernstoff zurückstellen, selbst im Fachunterricht Mathematik, wenn es um existentielle Fragen geht, die das Selbstvertrauen oder die Beziehung zum Mitschüler und zum Lehrer betreffen. Es gibt viele Untersuchungen, die zeigen, daß ohne positive soziale Beziehungen und eine gegenseitige Bestätigung Menschen gar nicht fruchtbar lernen können. Sie können ihr Gedächtnis vollstopfen, aber ein Sinnzusammenhang ergibt sich erst, indem ich mit Menschen verbunden bin, die ich mag, und indem ich erkenne, wofür ich lebe und zu wem ich gehöre. Für einen Christen gilt: »Alles ist euer. Ihr aber gehört zu Jesus Christus.« Ohne diese Grundlage bleibt der ganze Schulbetrieb ein armseliger Steinbruch, in dem viele sich ab- und müde arbeiten, ohne das Haus zu kennen, das gebaut werden soll.

Erzieherisches Handeln ist also vor allem ein unmittelbares Miteinander von Mensch zu Mensch. Es gründet in persönlichen Erfahrungen und Überzeugungen von dem, worauf es im Leben zuletzt ankommt: Was einer glaubt, was einer hofft, was einer liebt. Auf die Fragen, Ängste und Herausforderungen, die Kinder, Jugendliche und Erwachsene, Lehrer und Eltern gemeinsam betreffen, können wir nur gemeinsam eine Antwort suchen. Die Tatsache, daß Lehrer für bestimmte Fächer und Methoden Spezialisten sind, ist darin nur *eine* Seite der Aufgabe. Ich bin überzeugt, daß Kinder und Jugendliche in vielen Fragen des Glaubens und der Lebensbewältigung den Lehrern und Eltern etwas geben können. Ihre Fragen, ihre Erfahrungen helfen, daß die Erwachsenen nicht eng und einseitig werden.

1.4 Voraussetzungen für das Christsein an der Schule

Die Grundlage, von der aus Christen leben und ihre Arbeit in der Schule und im Unterricht tun, möchte ich noch ein wenig erläutern. Im Kolosserbrief (3,9 ff.) heißt es: »Ihr habt den alten Menschen abgelegt und seid (durch Jesus Christus) zu einem neuen Menschen geworden, der nach dem Bild seines Schöpfers erneuert wird, um ihn zu erkennen. Wo das geschieht, gibt es nicht mehr Griechen oder Juden, Beschnittene oder Unbeschnittene, Fremde, Sklaven oder Freie (für uns gesagt: Evangelische, Katholische oder Freikirchliche, Gebildete oder Ungebildete, Reiche oder Arme, Abhängige oder Unabhängige, Schüler, Lehrer, Direktor oder Hausmeister usw.), sondern Christus ist alles und in allen. Ihr seid von Gott geliebt, seid seine Heiligen. Darum seid barmherzig, demütig, freundlich, geduldig! Ertragt einander! Vergebt einander, wenn einer dem anderen etwas vorzuwerfen hat! Wie der Herr euch vergeben hat, so vergebt auch ihr! Vor allem aber liebt einander, denn die Liebe ist das Band, das alles zusammenhält und vollkommen macht. Und in eurem Herzen soll der Friede Christi herrschen; dazu seid ihr berufen.« Ist das nicht eine unerhörte Zusage! Warum nehmen wir sie nur so wenig in Anspruch?

Erstens: mit dem neuen Verhältnis zu Gott, das uns im Glauben geschenkt ist, ergeben sich auch neue Beziehungen zu den Menschen, mit denen ich lebe. Die gesellschaftlichen Rollen und Unterschiede werden relativiert. Durch Jesus Christus werden Lehrer und Schüler, Eltern und Lehrer, Gesunde und Behinderte, Normale und Außenseiter von Gott her verbunden und unabhängig von Alter, Beruf und Geschlecht zur Mitarbeit im Reich Gottes berufen. Dieses scheint mir die Grundlage der neuen Beziehungen in der Schule zu sein für diejenigen, die sich auf Gottes Wort verlassen. Damit ändert sich das Bild, das ich vom anderen habe, meine Gefühle für ihn, mein Verhalten. Mitschüler sind dann nicht zuerst Konkurrenten, und Lehrer sind nicht zuerst Gegner, sondern sie sind wie ich selbst von Gott geliebte Menschen, Brüder und Freunde und Partner.

Das klingt jetzt sehr wirklichkeitsfremd. Für jeden muß es das sein, der Jesus Christus und sein Wort nicht ernst nimmt. Wenn ich es aber ernst nehme, werde ich merken, daß mein Denken und Handeln sich verändert. Tust du einen Schritt in dieser Richtung, sofort entsteht bei einigen Verwunderung oder Ärger, bei anderen Interesse und Dankbarkeit. Denken wir also nicht, daß uns alle zujubeln, wenn wir so zu leben beginnen. Es ist viel leichter, sich an die eingefahrenen Gleise zu halten: Ich bin Lehrer und du Schüler, und jeder hält sich an seine Rolle. Diese Spaltung, diese Schizophrenie, ist keine Lösung für Christen. Die Frage ist, wie schaffen wir es, von dieser Grundlage, von diesem Bekenntnis, von dieser Hoffnung aus Schritte zu tun in eine neue Wirklichkeit?

Hausmeister und Putzfrauen sind dann z.B. nicht untergeordnetes Dienstpersonal, die dem Schüler den Dreck wegräumen, sondern ebenfalls Menschen, die Gott liebt. Und Eltern sind nicht nur Leute, die ihre Kinder versorgen und ihnen genügend Taschengeld geben, damit sie sich ein Moped leisten können. Die Schule wird zu einem Ort, an dem Gottes Herrschaft offenbar werden soll durch diese neue Erfahrung, daß wir einander zuvorkommen und freundlich begegnen, ertragen und vergeben, daß wir zum Frieden anstiften.

Zweitens: Es geht um die Überwindung der Menschenfurcht. Ich glaube, daß das möglich ist und daß Gott uns dazu einlädt, die Angst vor Menschen zu überwinden, weil er uns seinen Schutz angeboten hat.

Die Schule ist heute in einem Maße von Angst und Menschenfurcht geprägt, wie wir das gar nicht für möglich halten. Erst wenn einige beginnen, durch einen neuen Umgangsstil, durch eine neue Brüderlichkeit, durch Versuche mit neuen Arbeitsformen dagegen anzugehen, wird einem bewußt, wie schlimm Menschen von Angst und Furcht beschwert sind. Das belastet die Beziehungen, verhindert Kreativität und Freude am Lehren und Lernen. Dieser Zustand ist so normal geworden, daß die meisten es gar nicht mehr merken. Erst die Überwindung der Menschenfurcht setzt die Phantasie der Liebe frei. Die Phantasie der Liebe, die den anderen in seiner Rolle, in seiner Situation, in seinem Leiden ganz anders wahrnimmt. Wir sehen auf einmal, wer auf unseren Beistand und auf Verstehen angewiesen ist. Da frage ich nicht zuerst: Wer versteht mich oder wie komme ich mit meinen Frustrationen zurecht? Was bin ich doch verkannt, und wo bleibe ich mit meinen Rechten und Ansprüchen? Sondern umgekehrt.

Und das ist das Eigenartige: Wenn du an einer Stelle diesen Schritt tust, dann entdecken andere *deine* Probleme und helfen dir. Das ist so im Reich Gottes, die Umkehrung der Verhältnisse bringt auf einmal für uns eine ganz neue Erfahrung mit sich. Hier wäre also der zweite Ausgangspunkt, von dem her dann die konkreten Linien ausgezogen werden müßten.

Drittens halte ich für wichtig, daß wir an der Schule einen Freiraum zum Leben als Christen und zum Zeugnis in Anspruch nehmen oder durch Verhandlungen erringen und mit Phantasie ausgestalten. Mit dem Wort Zeugnis meine ich nicht diese enge Auffassung, als ob es nur darum ginge, sich hinzustellen und zusammenhanglos ein paar Sätze von Jesus Christus zu sagen. Das kann in der richtigen Situation sehr nötig sein. Zeugnis ist im Neuen Testament aber sehr viel breiter. Es ist nämlich die Tatsache, daß in unserem ganzen Leben sichtbar wird, daß wir zu Jesus Christus gehören und mit ihm rechnen: durch unser Verhalten, durch unsere Art, mit Menschen und Dingen umzugehen, ängstlich oder frei, durch die Art, wie wir unsere Fehler und Schwächen zeigen oder verstecken, durch die Art, wie wir uns freuen und woran wir Freude haben. Das Bekenntnis oder Zeugnis in diesem Sinne steht nicht neben dem Fachunterricht, denn es gibt viele Situationen, in denen im Unterricht durch das Verhalten von Lehrern und Schülern, aber auch in Aussagen zur Sache direkt oder indirekt das Christsein eine Rolle spielt.

Viertens: Unser Leben ist ein Prozeß, eine »Schule« der Schwierigkeiten, der Läuterung, der Heiligung. Und die Schule der Schwierigkeiten, in denen Gott uns durch Versuchungen und Leiden, durch Niederlagen und Erfolge, durch Gemeinschaft mit Brüdern und Schwestern, Freunden und Kollegen führt, ist eine Lernerfahrung, die diese von Menschen gemachte Schule weit übersteigt. Wir nehmen die Institution Schule manchmal zu wenig ernst, meistens aber viel zu ernst. Auch das ist ein Grund, daß wir enttäuscht werden und die Lust verlieren. Eine weit verbreitete Ansicht ist, das christliche Leben bedeute Befreiung aus aller Not und Angst. Jesus Christus aber schenkt Befreiung *in* der Not. Das ist etwas ganz anderes. Er gibt jeweils Antwort und Kraft für diesen Tag und diese Aufgabe.

Morgen sieht die Sache vielleicht schon wieder ganz anders aus. Aber wir neigen immer dazu, die Angst von morgen zu dem Problem von heute zu machen. In diesen Schwierigkeiten gibt uns Gott Gelegenheit, uns kennenzulernen. Wir sind ja so ahnungslos über uns selbst. Es ist wirklich notwendig, daß Gott uns aufklärt über uns selbst, damit wir überhaupt begreifen, was wir von ihm bekommen, damit wir von seinem Geist verwandelt werden können. Das erste und wichtigste in unserem Christenleben ist deshalb nicht die Begeisterung für die Arbeit, die wir für Gott tun, sondern das erste ist die Verbundenheit mit Jesus Christus, die tägliche Erneuerung der Gemeinschaft mit ihm. Aus dieser Quelle erwächst unsere Arbeit und unser Einsatz in der Schule und als Christen.

In meinem Andachtsbuch habe ich den unerhörten, ja verrückten Satz gelesen: »Der Heilige ist dann fröhlich, wenn er von Schwierigkeiten fast erdrückt wird, weil ihre Lösung für alle außer Gott so lachhaft unmöglich ist.«

Zum Schluß möchte ich zur Losung des heutigen Tages etwas sagen, weil mich dieses Wort ganz besonders berührt hat: »Die Elenden werden wieder Freude am Herrn haben!«

Ich habe überlegt, wer sind denn diese Elenden? Und da dachte ich zuerst an das Wort aus dem Propheten Jeremia: »Wie kehrt ihr nur alles um. Als ob der Ton dem Töpfer gleich wäre, so daß das Werk von seinem Meister spricht, er hat mich nicht gemacht. Und ein Bildwerk von seinem Schöpfer, er versteht nichts davon.« Überlegt euch, so ein Wahnsinn, da sagt der Ton vom Töpfer, er hat mich nicht gemacht. Wir denken: Na, das ist aber ein übertriebenes Bild! Nein, das ist genau die Wahrheit. Wie können wir denn mit unserem Leben klar kommen, wenn wir so tun, als ob wir nicht von diesem Schöpfer gemacht und geliebt sind, der uns doch kennt und als sein Werk betrachtet? Und Gott ist »ehrgeizig« und »eifersüchtig«, um diese menschlichen Ausdrücke zu gebrauchen, daß sein Werk nicht zuschanden wird, sondern ihm Ehre macht. Aber wir sehen es nicht, wir hören es nicht, wir denken, wir könnten so sprechen: Er hat mich nicht gemacht. Wir argumentieren mit der Psychologie, wir berufen uns auf die Statistik, wir schicken jemand zum Psychotherapeuten, nur mit Gott rechnen wir nicht; so, als ob wir sagen wollten, Gott versteht mich nicht, die verstehen mich besser. Du liebe Güte, was leisten wir uns damit nur!

Im Dienst Gottes können alle menschlichen Erkenntnisse und Methoden Gutes bewirken; als Ersatz für das Vertrauen auf Gott werden sie zum Götzendienst, der uns nur immer mehr verstrickt. Und so geht es mit den Schwierigkeiten, auch mit der Mathematikarbeit oder wenn ein neuer Lehrer sich im Kollegium durchsetzen will oder wenn Schüler miteinander im Streit liegen. Wer rechnet dann mit Gott und betet und schreit zu ihm?

Das ist das Elend, aus dem wir umkehren können, um wieder Freude zu haben am Herrn.

Die Elenden sind also auch diejenigen, die sich zu Gott halten in ihrer Not und Bedrängnis. So heißt es in der Offenbarung: »Ich kenne deine Bedrängnis und deine Armut und doch bist du reich.« Das ist das Eigenartige. Wir werden nicht versetzt in ein Schlaraffenland, wir werden nicht die pausbäckigen Christen, die nun überall Glanz und Erfolg haben. Irrtum! »Ich kenne deine Bedrängnis und deine Armut und *doch* bist du reich.« Das ist die Zusage, die wir bekommen, wenn wir aus unserem Elend aufwachen.

Und weiter heißt es: »Fürchte dich nicht vor dem, was du noch erleiden mußt.« Das gehört zum Beruf des Christen. Petrus sagt: Was wundert ihr euch, wenn die Flamme etwas höher schlägt? Das ist das Kennzeichen der Jünger Jesu Christi. Und an der Schule, das muß ich einfach sagen, sind viele, die als Christen heute dies erfahren. Dann geht man aber weder in den Schmollwinkel, noch steigt man auf die Protestbühne, sondern zunächst einmal geht man in die Stille vor Gott und nimmt vom Herrn an, was einem widerfährt. Dann beginnt die Phantasie der Liebe einen Weg zu suchen im Vertrauen auf Gott und durch Unterstützung der Menschen, zu denen ich Vertrauen habe. Ohne Brüder und Schwestern und ohne Menschen, die mich beraten und die sich gegenseitig helfen, kommen wir nicht durch.

Nachtrag: Ein Auszug des Referates wurde von der »Jungen Welle« des Evangeliums-Rundfunks in Wetzlar gesendet. Ruthild aus Berlin schrieb dazu einen Brief, aus dem ich gern einen Abschnitt zitieren möchte, weil er genau hierhin paßt:

»Ich bin 15 Jahre alt und seit einigen Jahren Christ. Eure Sendungen höre ich zwar nicht gerade regelmäßig, aber doch öfter und in letzter Zeit mit wachsender Begeisterung.

Besonders gut hat mir die Sendung Prisma vom 23.2. mit dem Thema ›Leiden an der Schule‹ gefallen. Das Wort, das Hans Bernhard Kaufmann zitierte (Offb. 2,9 u. 10), fand ich toll. Der Text, aus dem dieser Vers stammt, war mir zwar bekannt, aber ich hatte dieses Wort nie auf die Situation in der Schule bezogen. Und dabei ist das doch so tröstend, ermutigend und unheimlich frohmachend, daß Jesus unsere Probleme und Schwierigkeiten kennt und dann sagt: ›Fürchte dich nicht!‹ Findet Ihr das nicht auch? Also, mir hat das so gut gefallen, daß ich es mir abgeschrieben und in meine Federtasche gelegt habe. Wenn ich jetzt mal wieder ›down‹ bin, weil mir was daneben gegangen ist oder die anderen spotten, kann ich mir das Wort durchlesen und bin dran erinnert, daß Jesus Bescheid weiß.«

2. Christliche Schülerarbeit

Einführung

Die christliche Schülerarbeit, ein Arbeitszweig der Studentenmission in Deutschland (SMD), hat sich zur Aufgabe gemacht, Schüler

- zum Glauben an Jesus Christus zu rufen,
- um die Bibel zu sammeln,
- zur christlichen Gemeinde zu führen und
- zu unterstützen, als Christen in der Schule zu leben.

Konkret geschieht dies durch Beratung christlicher Schülergruppen, durch Veranstaltung von missionarischen Tagungen und Freizeiten sowie durch Mitarbeiterschulung und Literatur. Diese Arbeit kann mit einer gegenwärtig weit verbreiteten Offenheit junger Menschen für den christlichen Glauben rechnen. Die christliche Schülerarbeit sucht die Verbindung zur Ortsgemeinde; von den Mitarbeitern wird erwartet, daß sie sich am Leben ihrer Gemeinde aktiv beteiligen.

In der christlichen Schülerarbeit beteiligen sich zwei Gruppen: Einerseits Schüler, die bewußt als Christen in der Schule leben und ihren Glauben anderen mitteilen wollen, andererseits Lehrer, die neben ihrer fachlich-pädagogischen Tätigkeit eine Verantwortung übernehmen, um Schülern Gemeinschaft im Glauben zu ermöglichen und mit ihnen gemeinsam für das Evangelium einzutreten.

Ein Schüler beschreibt die Bedeutung der Arbeit in der Schule:

> »Eines aber kann unsere Gemeindegruppe nicht: mich im grauen Alltag der Schule als Christ begleiten und unterstützen. Genau hier fängt die Aufgabe des Schülerkreises an. Er weist uns in der Schule auf das Ziel, auf Jesus Christus, hin. Er bietet uns Gemeinschaft mit Gleichaltrigen, die mit denselben Dingen zu kämpfen haben wie ich auch. Bei unseren Treffen tauschen

wir untereinander Probleme und Schwierigkeiten aus und helfen uns, wenn möglich. In unseren Gesprächen erhalten wir neue Anstöße für unser Leben in der Schule, wir beten füreinander und finden eine Zeit der Ruhe in der sonstigen Hektik. Diese Seite unseres Kreises würde ich ›Innere Sammlung‹ nennen. Die zweite Seite ist die der Sendung. Niemand hat einem Schüler mehr zu sagen als ein Schüler. Und besser als ein einzelner können viele Schüler gemeinsam von ihren Erfahrungen berichten. Darum wird der Schülerkreis sozusagen zu einem evangelistischen Team. Durch unseren Kreis sind schon einige Mitschüler auf Jesus aufmerksam geworden und haben ihr Vertrauen auf ihn gelenkt. Für viele war unsere Gruppe gewissermaßen eine Brücke zu einem Jugendkreis. Den Schülerkreis sehen wir als eine gute Ergänzung unserer Jugendarbeit in der Schule.«

Ein Studienrat aus Süddeutschland beschreibt sein Engagement in der Schülerarbeit:

»Als Lehrer an einer Schule mit einem Schülerbibelkreis kann ich, ohne zu übertreiben, sagen, daß ich durch den Kontakt mit diesen Schülern mehr Impulse in meiner pädagogischen Tätigkeit bekommen habe als durch einen Berg kluger Bücher, die ich deswegen aber nicht verachte. Hätte ich durch diesen Schülerkreis nicht die ständige Übung, meine Schüler als Menschen vor Gott zu sehen, so wäre ich als Lehrer um vieles ärmer.

Es ist mehr als irrig anzunehmen, der christliche Lehrer lade sich bei seiner ohnehin von Streß gekennzeichneten Tätigkeit eine zu große Belastung auf, wenn er sich um die Christen an seiner Schule kümmere. Eher scheint mir der einsam auf den Schulwogen dahinpaddelnde christliche Pädagoge einem Schlauchbootfahrer vergleichbar, der die Luft aus seinem Boot läßt, um es zu erleichtern.«

2.1 *Der Schülerkreis*

1. *Die Idee*

So und ähnlich ist die Idee zu vielen Schülerkreisen entstanden:

- Ein Schüler einer christlichen Jugendgruppe sagt: »Ich will nicht nur in der Gemeinde Christ sein, auch in der Schule will ich christlichen Glauben praktizieren können und etwas davon sichtbar machen. Wo sind andere, die das gleiche denken wie ich?«
- Im Religionsunterricht wird diskutiert, die Fragen werden persönlich und die Antworten engagiert. Man bräuchte mehr Zeit, ihnen nachzugehen. Also trifft man sich außerhalb des Unterrichts mit anderen Interessierten.
- Ein Schüler trifft auf einer Veranstaltung auf Schülerkreismitglieder einer anderen Schule und hört, wie es dort »läuft«. Sein Wunsch: »So etwas müßte doch auch bei uns möglich sein.«
- Schüler wollen sich am Schulgottesdienst oder der Schulandacht aktiv beteiligen. Sie tun sich zu einer Vorbereitungsgruppe zusammen.
- Ein Schüler bekommt von einem Lehrer den Hinweis: Gemeinsam lassen sich manche Probleme in der Schule besser lösen. Ein Versuch wird gestartet, als zwei Schüler von ihrem Lehrer offensichtlich benachteiligt werden.

Zwei Erwartungen liegen in den Gedanken zur Bildung einer christlichen Schülergruppe:

a) Die Erwartung einer guten Gemeinschaft, einer praktischen Solidarität und Hilfe im Schulalltag und Impulse, wie der Glaube wirksam in der Schule gelebt werden kann.

b) Die Erwartung, Mitschüler durch die Arbeit einer Schülergruppe zum Glauben einladen und mit ihnen ein Zeichen der Hoffnung für das Zusammenleben in der Schule realisieren zu können.

2. Der Start

Wer einen Schülerkreis beginnen will, tut gut daran, sich folgende Fragen zu stellen und Gedanken zu machen:

- Kenne ich an meiner Schule Mitschüler, von denen ich mir vorstellen könnte, daß sie mitmachen?
- Andere Christen meiner Schule sind vielleicht in anderen Jugendkreisen. Ich könnte sie einfach einmal in ihren Gruppen besuchen und mit ihnen über mein Anliegen sprechen.
- Habe ich eine Gemeinde und einen Jugendkreis, wo ich selber meine biblischen Kenntnisse vertiefen kann und wo andere für mein Anliegen an meiner Schule beten können?
- Gibt es an meiner Schule einen Lehrer, der einen christlichen Schülerkreis oder eine freiwillige Religionsarbeitsgemeinschaft unterstützen würde?
- Wie ist ein erstes Treffen zur Planung möglich? Dabei wären die Zielsetzung des Kreises zu klären und das Programm für die ersten Treffen sowie die Verantwortlichen dafür festzulegen.
- Wer informiert den Direktor und bittet um einen Raum?
- Gibt es die Möglichkeit, Plakate als Einladung zum Schülerkreis aufzuhängen?

3. Die ökumenische Chance

Der Schülerkreis ist das Zusammentreffen von Christen verschiedener konfessioneller Prägung: Schüler aus Kirchen (ev. und kath.) und Freikirchen praktizieren Ökumene. Um der Einheit und des Auftrags willen bemüht sich der Schülerkreis um einen christlichen Grundkonsens. Es ist eine große Chance, das eigene Denken zu erweitern, um zu erkennen, daß Einheit erbeten sein will.

4. Das Verhältnis zur Gemeinde

Der Schülerkreis versteht sich als Teil der christlichen Gemeinde am Ort. Schülerkreisarbeit geschieht stellvertretend für die Gemeindearbeit in der Schule, zu der skeptische Mitschüler sich häufig eher als zu einer Gemeindejugendveranstaltung einladen lassen. Als Teil der Gemeinde braucht der Schülerkreis dann aber auch für seine Arbeit die Stärkung durch die Gemeinde. Sie muß über die Aufgaben des Schülerkreises informiert werden und soll Unterstützung gewähren, nicht zuletzt im Gebet. So versteht der Schülerkreis sich als eine Bewegung, die von der Gemeinde ausgeht und zur Gemeinde hinführt.

5. *Leitung*

Der Schülerkreis wird in der Regel von Schülern geleitet. Zur Leitung gehören

- die Kontakte zur Schulleitung, Öffentlichkeit, zum Gruppenbegleiter, Hausmeister etc. sowie
- organisatorische Aufgaben, z.B. Programmplanung, Finanzen und Versicherungen, Führung eines Schülerkreisordners, Delegation von Aufgaben.

Sicher liegt in der Leitungsaufgabe auch eine starke geistliche Verantwortung. Der Leiter sollte auf jeden einzelnen achten, er macht sich Gedanken über das, was die Gruppe braucht, er regt missionarische Aktivitäten an, er versucht die Gaben und Fähigkeiten der Schülerkreismitglieder zu entdecken und sie zu ermutigen, diese einzubringen, und er hat auch den Mut, auftretende Schwierigkeiten in der Gruppe anzusprechen. Oft nimmt diese Aufgabe nicht ein einzelner Schüler wahr, sondern ein kleines Leiterteam.

6. *Begleitung*

Schülerkreise möchten erfahrungsgemäß keinen erwachsenen Leiter, wohl aber einen Begleiter, der im Hintergrund steht und immer zur Stelle ist, wenn es seinen Einsatz erfordert. Der Lehrer oder ein Mitarbeiter des Arbeitskreises (s. S. 43ff.), der dem Schülerkreis helfen möchte, muß sich darüber im klaren sein, daß er »nur« Beraterfunktion hat. Er muß pädagogisches Gespür entwickeln, wie er den Schülern helfen kann, ohne sie in ihrer Eigeninitiative zu hemmen und ohne ihre Konsumhaltung zu fördern. Er sollte nicht an allen Veranstaltungen teilnehmen, sondern als Anlaufstelle immer für den Schülerkreis erreichbar sein. Optimal wäre es geradezu, wenn der Begleiter auch außerhalb der Schule ein offenes Haus für den Schülerkreis hätte und ab und zu außerplanmäßig mit den Schülern etwas unternähme, z.B. eine Wanderung.

7. *Andacht und Gebet*

Mit diesen Stichworten ist die Mitte der Gemeinschaft im Schülerkreis umrissen. Eine große Verschiedenheit zeichnet oft die Mitglieder eines Schülerkreises aus, aber die gemeinsame Mitte und die gemeinsame Situation in der Schule als Schüler halten den Kreis zusammen. Das äußert sich am stärksten im Gebet. Manche Schülerkreise treffen sich täglich vor der Schule oder in einer Pause zur Andacht und zu gemeinsamem Gebet, andere dreimal oder nur einmal wöchentlich. Das hängt von dem Bedarf des Kreises, dem Stundenplan und den äußeren Bedingungen (z.B. Raumfrage) ab.

8. *Gemeinschaft tut not*

Bei den meisten Schülerkreisen bleibt es nicht bei diesen Kurztreffen, die oft nur das Gefühl vermitteln, sich doch nicht richtig zu kennen und letztlich keine Gemeinschaft zu bilden. Genau das wäre doch aber in der unpersönlichen Atmosphäre der Schule notwendig.

So wird es nötig, den Schülern immer wieder Mut zu machen, sich auch außerhalb der regulären Schulzeit zur Pflege der Gemeinschaft zusammenzufinden. Bei diesen außerplanmäßigen und außerschulischen Treffs stehen das Kennenlernen und das Miteinander im Vordergrund. Manchmal erweckt ein solcher Treff auch eine neue Verantwortung für die missionarische Aufgabe an der Schule, z.B.:

»An einem Sonntag haben wir zuerst einen Gottesdienst gemeinsam besucht, dort auch ein Lied gesungen und uns auf diese Weise gleich der Gemeinde vorgestellt. Danach aßen wir zusammen. Nach einer Pause, die von vielen zum Singen benutzt wurde, machten wir ein paar Kennenlernspiele. Dann folgte ein Referat über Joh. 20. Anschließend fand ein Austausch über unsere Situation und unseren Auftrag statt. Nach dem Kaffeetrinken beendeten wir unser Zusammensein mit Aufräumen und einer ausführlichen Gebetsgemeinschaft. Gesamtergebnis: Unser gegenseitiger Kontakt ist enger geworden und so die Gemeinschaft offener.«

Ein anderer Kreis berichtet:

»Alle zwei Wochen donnerstags treffen wir uns in einem sehr schön ausgestatteten Hobbyraum, der vom Vater unseres Leiters freundlicherweise zur Verfügung gestellt wird. In diesem Kreis wird ein längeres Referat gehalten, nachdem wir gemeinsam gegessen haben. Das Essen, das gemeinsam gekocht wird, soll uns immer wieder an die Abendmahlsfeier erinnern.«

So wird die Schülergruppe für viele Schüler zum Ventil für manchen Ärger, für Aggressionen und Sorgen, die während des Unterrichts entstehen und dort nicht aufgefangen werden. Bei den meisten werden sie auch in der Familie oder Gemeinde nicht abgebaut, weil die Schule dort nicht thematisiert wird. Hier nun wird der einzelne Schüler als Schüler dieser Schule und mit diesen Lehrern und diesem Unterricht ganz ernst genommen; und das tut gut.

9. *Der Schülerbibelkreis*

Schülerkreise haben in Deutschland eine lange, hundert Jahre alte Tradition. Bibelkränzchen hießen sie zuerst, bevor der Name in Bibelkreis umbenannt wurde. Die Bibel sollte in der Mitte der Arbeit stehen, nach ihr sich das Leben der Gruppen ausrichten, und sie sollte als Maßstab für das persönliche Leben gelten. So war Schülerkreisarbeit immer zugleich Bibelarbeit, und ohne diese war die Gefahr, in Schwärmerei oder Gesetzlichkeit abzugleiten, besonders groß. Das gilt nicht nur für vergangene Zeiten, sondern genau so noch heute und das umso mehr, als die Unwissenheit in biblischen Zusammenhängen erstaunlich groß ist. Nicht, daß die Bibel für viele Schüler ein Buch darstellte, das dem Feuer einer harten Kritik auszusetzen wäre oder deren Inhalt erst einmal hinterfragt werden müßte! Nein, für viele ist sie nicht einmal ein interessantes Buch der Weltliteratur, dessen Inhalt schon deshalb zu kennen wichtig wäre. Die Bibel ist einfach ein Buch geworden, von dem man zu wissen meint, daß von ihm für die Gegenwart dieser Welt und für das eigene Leben nichts zu erwarten ist.

Der Schülerkreis, der zugleich Bibelkreis sein will, muß sich daher alle Mühe geben, seinen Mitschülern und den eigenen Mitgliedern die Bibel und ihre verschiedenen Bücher wichtig zu machen. Hier werden immer wieder neue Methoden der Bibelarbeit ausprobiert. Texte werden szenisch dargestellt, in Zeitungsartikel verwandelt, zu Hörspielen verarbeitet oder einfach nur in einer Viertelstunde, in der jeder den Text für sich selbst liest, mit Frage-, Ausrufe- oder anderen Zeichen versehen und anschließend an Hand der Zeichen besprochen. Manchmal kommt die Gruppe auch schon dadurch ins Gespräch, daß die Gruppenmitglieder sich bemühen, Überschriften für den Text zu finden, sich zu ihm konkrete Fragen zu überlegen oder eine eigene Übersetzung des Luthertextes in ein modernes Deutsch vorzunehmen und dann die Ergebnisse auszutauschen. Bibelarbeit heißt, daß alle an der Erarbeitung des Textes beteiligt sind, damit der Text in seiner geschichtlichen Dimension und in seiner Bedeutung für jeden einzelnen zum Sprechen kommt. Dahinter steht die Erwartung, daß Gott durch die Bibelarbeit dem einzelnen und dem Kreis hilft, das Leben an der Schule vom Evangelium her zu gestalten.

Manchen Schülergruppen gelingt es, sich nicht nur in den kurzen Pausen zu treffen, sondern auch noch in solch beschriebener Weise zu einer Bibelarbeit in einer Freistunde, einer sechsten Stunde oder zu anderer Zeit in mehr oder weniger regelmäßiger Folge.

10. Die Schülergruppe und die Eltern

Häufig erzählen die Schüler zu Hause sehr wenig von dem, was sie in der Schule beschäftigt. So verschweigen Schüler oft auch ihre Mitarbeit im Schülerkreis, besonders wenn sie wissen, daß ihre Eltern mit diesem Engagement nicht einverstanden sind. Aber selbst Eltern, die Christen sind, werden oft von ihren Kindern nur unzureichend über die Arbeit des Schülerkreises informiert. Dabei ist es wichtig und hilfreich für die Schülerkreisler, auch die Eltern über ihre Aufgaben zu informieren und sie mit einzubeziehen, damit das Schüler-Eltern-Verhältnis besser wird und auch dem Glauben fernstehende Eltern Einblick in das Denken und Leben ihrer Kinder außerhalb des Elternhauses bekommen. Mancherorts wurde daher schon vom Schülerkreis ein Elternnachmittag oder -abend veranstaltet.

2.2 Veranstaltungen außerhalb der Schule

Schülertage und Wochenenden

Das Kurzfreizeit- und Wochenendangebot ist sehr reichhaltig. Stille Wochenenden, Bibelseminare, Literaturseminare, Mitarbeiterfreizeiten unter mehr praktischen Themen oder auch zur geistigen Auseinandersetzung mit Anschauungen unserer Zeit, dienen der Schulung der Gruppenmitglieder.

Schülerkreisleiter-Tagungen sollen den Leitern helfen, in ihre Aufgaben hineinzufinden und sie zu bewältigen. Hier werden Fragen des geistlichen Lebensstils und der Führung einer Gruppe bearbeitet.

Oberstufentagungen und Abiturienten-Wochenenden sollen den Schülern helfen, Kriterien für ihre Studien- und Berufswahl zu finden und sie in Fragen des diakonisch-sozialen Jahres bzw. des Wehr- oder Zivildienstes zu beraten. Die Abiturienten-Wochenenden werden in der Regel im Zusammenhang mit einer christlichen Studentengruppe durchgeführt, so daß die Schüler am Universitätsort im Gespräch mit Studenten in die Probleme der Universität und des Studiums eingeführt werden können. Eine Studentengruppe lud mit folgendem Text zu einer solchen Tagung ein:

»Du weißt natürlich schon, was du alles nach dem Abitur machen willst. Lange ausschlafen, urlauben, Feten feiern und so heiter weiter! Laß dich von uns ermuntern, auch jetzt schon über andere Sachen nachzudenken, über die Frage nach der anschließenden Ausbildung, Studium, Praktikum, ZVS, Ersatzdienst, Wehrdienst und so heiter weiter. Wir, eine Gruppe von Christen, die wir uns als Studenten und Studentinnen in der Studentenmission Göttingen engagieren, wollen mit euch über eure Fragen ins Gespräch kommen. Das Ganze ersetzt keine Berufsberatung, sondern wird das Erarbeiten von Kriterien zur Berufsentscheidung sein. Zum kommenden Wochenende laden wir euch, Schüler und Schülerinnen der Klassen 11, 12 und 13, ein in unsere Uni-Stadt 3400 Göttingen, Humboldt-Allee 18, mit: Schlaftüte, falls vorhanden Luftmatratze, Gebäck fürs Kaffeetrinken, Portemonnaie mit DM 15,00 für Verpflegung und DM 5,00 für Fahrtkostenausgleich, Schreibzeug und Bibel.«

Beide Veranstaltungen werden durch die Studienanfangsfreizeit im Oktober eines jeden Jahres ergänzt, um Schülern, die nun ins erste Semester gehen, konkrete Hilfe für die Studiengestaltung anzubieten. Für die Schüler, die nun endlich auch genau wissen, was und wo sie studieren können, stehen in der Regel dann auch Studenten genau ihres Fachbereiches und Studienortes als Gesprächspartner zur Verfügung. Besondere Klassensprecher-Wochenenden helfen, die schulpolitische Verantwortung vom Glauben her zu durchdenken.

Besonders verbreitet sind Schülernachmittage und Schülertage für eine kleinere Region, besonders in den größeren Städten, wie z.B. Hamburg, Wuppertal, Köln, Hannover oder Nürnberg. Die Schülerkreise kommen zum Austausch zusammen, aber auch um neue Impulse für die Arbeit in der eigenen Schule und Situation zu erhalten, um aus festgefahrenen Gleisen herauszufinden, oder um Tips für den Start einer Gruppe mitzunehmen. Zu der Tagungsarbeit gehört dann auch der bundesweite Schülerkongreß, der alle zwei Jahre über Ostern stattfindet.

Die Sommerfreizeiten

Die Mittelstellung im Angebot für 15- bis 20jährige Schüler nehmen noch immer die Sommerfreizeiten ein. Das Programm ist sehr vielfältig. Neben den normalen, missionarisch ausgerichteten Freizeiten, die das Ziel haben, Schülern in schöner Gegend und guter Gemeinschaft den Inhalt des Glaubens nahezubringen, gibt es Mini-Bibelschulen, musisch-kreative Freizeiten, internationale Begegnungslager mit französischen, englischen oder norwegischen Schülern, Freizeiten für Abiturienten oder besonders Wanderlustige, Work-camps und sogar eine vierwöchige Bibelschule in Norwegen.

»Gedanken auf der Heimfahrt« nannte ein Schüler seine Eindrücke von einer 14-tägigen Freizeit im Sommer 1980 auf der Insel Bornholm.

Bornholm 1980 – c'est fini! Oder vielleicht doch nicht ganz? Wo wird man sich wiedertreffen, wer wird wem noch schreiben, was bleibt . . .? Wir wollten dem Leben auf die Spur kommen, uns gegenseitig auf die Lebens-Sprünge helfen. Wir haben Fragen gestellt und beantwortet, haben Antworten gehört und geprüft – und sind doch Fragende geblieben.

Die vielen verschiedenen Menschen und die vielfältige Landschaft unserer kleinen Insel ermunterten unseren Unternehmungsgeist und unsere Phantasie: Am Strand gab's Spaß, im Wald Ruhe, in der Gemeinschaft Freude, bei den Bibelarbeiten neues Erkennen, durch die Musik herzhaftes Lachen, von der Küche satte Zufriedenheit. Manchmal gab's auch alles durcheinander, doch – wo gibt es das Leben?

Die Schaumkronen des Meeres sind schön, aber was sind sie ohne Wellen? Was sind die wogenden Gipfel der Wälder ohne die Stämme der Bäume, und wer hält die Blüte, wenn nicht der Stil der Blumen? Wer hält unser Lachen, unseren Übermut, unsere Heiterkeit, wenn nicht das Staunen, die Freude und Zufriedenheit, die nur Gott tief in unserem Innern wachsen läßt?

Was muß das für ein Fels sein, der unser kleines, launisches, uns wichtiges und wankelmütiges Leben trägt? Wir freuen uns an der Schaumkrone, an den Wipfeln und Blüten, aber wir wollen die Welle, den Stamm, den Stil, wir wollen das Leben! Ohne die Grundlage fallen wir in unsere eigene Aufgeblasenheit zusammen.

Gott kennen ist Leben, das war unser Freizeitthema, und Jesus Christus, der Eckstein, den wir verworfen oder übergangen haben, soll wieder oder ganz aufs Neue der Fels unseres Lebens sein. Wir wollen nicht länger nach Wind grapschen, denn Jesus ist gekommen, daß wir das Leben und volle Genüge haben sollen. So spricht Jesus im Johannesevangelium (10, 10), und im Glauben an unsern Herrn sind wir eins, ein Leib, den weder Jahre noch Kilometer auseinanderreißen können, ein Leib, egal wohin die Winde Gottes die Bornholmfahrer 1980 noch treiben werden.

»Eine Fahrt mit Hindernissen« überschreibt eine Schülerin ihren Bericht über eine Freizeit in Schottland.

Fahrt mit Hindernissen

Am 31.7. gegen 9.30 Uhr näherten sich alle Teilnehmer der Kincraig-Freizeit aus dem süddeutschen Raum dem Busbahnhof in Stuttgart, dem harrend, was da kommen sollte. Und wir waren alle froh, als wir das schwere Gepäck (neben Koffern und Taschen auch Schlafsäcke und Gitarren) bei dem Haufen, der sich später dann als unsere Gruppe entpuppte, abstellen konnten. Dann ging es endlich los. Wir mußten mit einstündiger Verspätung abfahren, weil zwei Jungen aus Landshut noch fehlten. Sie wurden dann später per PKW nachgeliefert. In Wiesbaden stiegen dann die Norddeutschen noch zu.

Nun ging's weiter über Köln und über die Grenze Brüssel, Zeebrugge. Nach einer »Freistunde«, die wir am Strand verbrachten, wurden wir auf die Fähre verfrachtet. Fünf Stunden dauerte die Überfahrt nach Dover. Dort renkte sich ein Mädchen die Kniescheibe aus, und wir mußten nachts um zwei Uhr ins Krankenhaus nach Canterbury, wo das Knie wieder repariert wurde. Dann ging's ohne weitere Zwischenfälle durch ganz England, bis hoch nach Kincraig. Vierzehn Tage lagen vor uns.

Freizeitverlauf

Das Motto der Freizeit lautete: »Gott kennen, ist Leben«. Darauf waren auch die Themen der Gruppenarbeiten und der Referate abgestimmt. Mit am besten aufgenommen wurde eine Diaserie mit dem Thema »Leben«. In den Gruppen behandelten wir immer ein Thema und berichteten dann im Plenum, was uns dazu eingefallen war.

Morgens und abends war Programm, den Nachmittag hatte man (glücklicherweise) zur freien Verfügung.

Einmal haben wir auch einen Tagesausflug nach Inverness gemacht, an einem anderen Tag sind wir auf den Ben Mc Dhni gekeucht.

Um 22.30 Uhr, nach der Abendandacht, war Bettruhe (offiziell jedenfalls). Wir haben eigentlich immer noch auf den Zimmern weitergeredet.

Bei den Jungen im Schlafsaal ging's jedoch weniger ruhig zu. Mir tun bloß diejenigen leid, die da schlafen wollten . . .

Ich glaube, daß wir auf der Freizeit wirklich Gott ein wenig besser kennengelernt haben. Wir hatten eine sehr gute Gemeinschaft, was sich in zahlreichen Diskussionen und Gesprächen, aber auch nicht zuletzt im Umgang miteinander, d.h. auch an den Kleinigkeiten, gezeigt hat.

Eine internationale Begegnungsfreizeit ist schon etwas Besonderes. Das empfand offensichtlich auch die Teilnehmerin, die darüber folgenden Bericht verfaßte:

»I think you came tomorrow – oder: Auf Euroshare spricht man Englisch«

25 junge Leute hocken im Gras auf dem Gelände des Jugendhauses »Maria Einsiedeln« bei Gernsheim. Man kommt gar nicht dazu, seine Landsleute zu beschnuppern, denn plötzlich hat jemand den Bus entdeckt: die »Norwegians« sind angekommen! Ab jetzt heißt es: »Speak English!« Au weia, das wird lustig! Bettina legt gleich los: »I think you came tomorrow!« Gelächter – das Eis ist gebrochen. Nachdem dann am nächsten Tag auch die »British Party« mit 15 Leuten eingetroffen ist, geht die Freizeit mit Volldampf los.

Los geht's an jedem Morgen mit einem freiwilligen Gebetstreff um 8.00 Uhr. Je nach Gedränge im Waschraum treffen sich 10–20 Teilnehmer. Nach dem Frühstück geht es an die Arbeit: sich in einer halben Stunde durch einen englischen Bibeltext hindurchboxen. Norah gibt dann allen eine kurze Einleitung in den Epheser-Brief. An dem, was wir da hören, hat mancher ganz schön zu knacken. Sie verschont uns nicht mit knallharten Ansprüchen, die unser Herr an jeden einzelnen stellt. Da heißt es, konsequent zu sein.

In der anschließenden Bibelarbeitsstunde sind wir dran. Es ist nicht einfach, wenn man als Deutscher einem Norweger einen schwierigen Gedanken erklären will: auf Euroshare spricht man ja Englisch! Nach der Teepause treffen wir uns zum National Meeting. Endlich darf man wieder Deutsch reden. Abends thematische Seminare. In dem Seminar »Liebe, Freundschaft, Partnerschaft« geht es teilweise hoch her. Fragen wie: »Finden wir in der Bibel feste Maßstäbe für das Verhalten gegenüber einem Freund?« – »Sollte man vor der Ehe miteinander schlafen?« – »Ist Selbstbefriedigung eine Lösung?« – »Inwieweit hat mein Glaube etwas mit meiner Partnerschaft zu tun?« werden heftig diskutiert. Möglichkeiten zum verantwortungsvollen Umgang mit der Sexualität werden aufgezeigt. In der Arbeitsgruppe »Moderne Literatur – Christlicher Glaube« erkennen wir, daß wir als Christen aufgefordert sind, zu den Texten, die wir z.B. in der Schule lesen, vom Glauben her Stellung zu nehmen.

Die Mahlzeiten beginnen mit dem Singen eines englischen, norwegischen oder deutschen Tischgebetes. Zusammen mit Arne, dessen fröhliches norwegisches Lachen uns besonders ansteckt, gründen wir einen Chor. Das ist einsame Spitze! Wir singen am Sonntag im Gottesdienst. An einem anderen Nachmittag machte die Fahrradtour zum »Kühkopf« auf 30 von der Gemeinde geliehenen Fahrrädern trotz Schwärmen von Stechmücken, Schnaken, Schlamm und meterhohen Brennesseln großen Spaß.

Nach dem Prayermeeting am Abend grillen wir Würstchen, sehen uns Tondias an, erleben einen Gottesdienst und lernen uns immer besser kennen. Die mit viel Phantasie vorbereiteten »British Evening«, »Norwegian Evening« und »German Evening« geben uns einen Eindruck von der »Special Mentality« jedes Landes. Ute Hettler zeigt uns Lichtbilder von der Elfenbeinküste, wo sie als Lehrerin für Missionarskinder arbeitet. Sie erinnert uns daran, wie wichtig es ist, für diese Arbeit zu beten. Wir beten miteinander und füreinander, übrigens auch heute noch, während Norweger und Briten längst wieder Hunderte von Kilometern weit weg sind.

2.3 Der Arbeitskreis

Parallel zu dieser Bewegung unter den Schülern gibt es eine Bewegung unter Lehrern, anderen Berufstätigen und Studenten. Sie wollen in ihrer Freizeit die Arbeit dieser Schüler und Schülerkreise fördern. Dazu haben sich seit Anfang der sechziger Jahre 16 sogenannte Arbeitskreise gebildet. Am Anfang stand eine Gruppe ehemaliger SMD-Studenten. Sie trafen sich regelmäßig zum gemeinsamen Bibellesen und Beten, zum persönlichen Austausch ihrer Erfahrungen im Beruf und im Umgang mit den Schülern; und sie fragten nach Möglichkeiten einer missionarischen Arbeit unter Schülern. Sie sahen zwei Möglichkeiten:

1. Sie veranstalteten 14tägige Sommerfreizeiten. Durch die Begleitung mancher Schüler über die Freizeiten hinaus entstanden seit 1966 erste missionarisch orientierte Schülergruppen.

2. Sie gaben anderen den Impuls weiter, ähnliche Arbeitskreise zu bilden. So entstanden Arbeitskreise von Nordrhein-Westfalen aus auch in Hessen und bald auch in Nord- und Süddeutschland. Einer der entstandenen Arbeitskreise stellte sich in einer Vorstellungsschrift folgendermaßen dar:

> Um die christlichen Schülerkreise begleiten und beraten zu können, haben wir uns ehrenamtlich im Arbeitskreis zusammengeschlossen. Wir, das sind z.Zt. etwa 20 Christen aus verschiedenen Kirchen und Gemeinden – wohnen im Gebiet zwischen Dortmund, Münster und Krefeld – arbeiten in unserem Beruf oder studieren noch – wissen um unsere Mitverantwortung für die christlichen Schülerkreise – treffen uns mehrmals im Jahr zur gemeinsamen Zurüstung und zur Planung der Schülerarbeit in unserer Region – arbeiten mit örtlichen Allianz- und Gemeindekreisen und mit dem CVJM zusammen.

In drei Richtungen lassen sich die Aufgaben eines Arbeitskreises beschreiben:

1. Freizeit- und Tagungszeit

Diese Arbeit ist orientiert an den Bedürfnissen der Schüler und ihrer Situation in der Schule. Sie trägt einen missionarischen Schwerpunkt und dient der Mitarbeiterfortbildung. In der Durchführung von Tagungen und Freizeiten werden die Arbeitskreise von den Reisesekretären unterstützt. In überwiegendem Maße liegen jedoch Planung, Werbung, Durchführung und Nacharbeit bei ehrenamtlichen Mitarbeitern.

Besonderes Gewicht haben die 14tägigen Sommerfreizeiten. Aus den Mitarbeitern des Arbeitskreises bilden sich ein oder mehrere Freizeitteams, die die Freizeiten rechtzeitig vorbereiten. Dabei wird darauf geachtet, daß bei den Freizeiten auf ca. fünf Schüler ein Mitarbeiter kommt, damit eine echte Gemeinschaft zwischen Mitarbeitern und Teilnehmern möglich werden kann. Es ist dabei selbstverständlich, daß die Mitarbeiter, sofern es ihnen finanziell möglich ist, ihre Kosten für die Freizeit selbst aufbringen.

Dieser Bereich der Freizeit- und Tagungsarbeit ist zwar schülerorientiert, aber nicht schülerkreisabhängig; denn die Arbeit geschieht gerade auch in den Gebieten, in denen noch keine Schülerkreise vorhanden sind. Wohl aber ist es ein Ziel der Sommerfreizeiten, zur Gründung neuer Schülerkreise anzuregen.

2. *Schülerkreisbegleitung*

Eigentlich wäre für jeden Schülerkreis eine erwachsene Bezugsperson notwendig. Aber dazu fehlt es an Mitarbeitern. Viele haben auch beruflich keinerlei Kontakt zu Schülern und sind zeitlich kaum in der Lage, sich den Schülerkreisen zur Verfügung zu stellen. Umso mehr müssen die Probleme der Schülerkreise in einer Region bei den Sitzungen des Arbeitskreises besprochen werden und soweit wie möglich Klärung erfahren. Der zuständige Reisesekretär ist Berichterstatter und derjenige, der neue Vorschläge vermittelt. Wie soll aber ein Hauptamtlicher, der über hundert Schülergruppen in seinem Arbeitsgebiet betreut, den Schülerkreisen wirkungsvolle Hilfestellung geben können?

Hier liegt eine offene Frage. Wie können die Schülerkreise in ihrer Arbeit an der Schule unterstützt werden? Dieses Problem führt zu dem dritten Punkt, der Freundesarbeit des Arbeitskreises.

3. *Freundesarbeit*

Die meisten Arbeitskreise verfügen über eine kleine Broschüre, in der sie ihre Arbeit vorstellen. Zusätzlich wird dreimal jährlich ein Freundesbrief des Arbeitskreises verschickt. Dabei geht es darum,

- Gemeinden aufzuschließen für die Anliegen der Schülerarbeit und sie zu informieren,
- Menschen und Mitarbeiter zu gewinnen, die für die Schülerkreise beten,
- Eltern der Schüler über die Arbeit zu informieren und ihnen Gelegenheit zu einem Echo zu geben,
- Freunden, Bekannten, Kollegen die Arbeit vorzustellen und sie zur Mitarbeit anzuregen,

– Spender zu finden, da diese christliche Schülerarbeit ausschließlich von den freiwilligen Gaben ihrer Freunde und Mitarbeiter finanziert wird.

Ein Arbeitskreis schreibt am Ende seines Vorstellungsprospektes:

»Sie, liebe Eltern und Freunde, wohnen in dem Gebiet unseres Arbeitskreises. Sie wissen um die geistige Auseinandersetzung in unserer Zeit und in unseren Schulen. Junge Menschen suchen ihren eigenen Lebens- und Glaubensstil. Auch Ihr Sohn, Ihre Tochter schlägt sich mit diesem Problem herum. Wir möchten Sie gern als Freunde unserer Arbeit gewinnen und wenden uns mit der Bitte an Sie, die Schülerarbeit in Nordrhein-Westfalen zu unterstützen, indem Sie sie im Gebet mittragen, vielleicht sich sogar zur Mitarbeit im Arbeitskreis entschließen und bereit sind, einen Schülerkreis zu begleiten und einmal eine Bibelarbeit oder ein Referat zu halten und vielleicht auch die Arbeit finanziell zu fördern. Interessiert Sie die Schülerarbeit? Wir laden Sie ein, Verbindung mit uns aufzunehmen. Durch Ihr Interesse können Sie mithelfen, daß die Schüler nicht ohne Antwort bleiben, wenn sie nach Jesus fragen.«

Das Ziel dieser Freundesarbeit muß sein, ein Netz von Arbeitskreisen zu errichten, damit die Entfernungen Schüler nicht an einer Teilnahme an den Veranstaltungen »ihres Arbeitskreises« hindern und damit sich persönliche Beziehungen anknüpfen lassen. Erst so kann ein Arbeitskreis seine Gedanken und Aktivitäten auf die Bedürfnisse der Schülerkreise ausrichten. Daneben suchen wir Christen, vor allem Lehrer, die sich ggf. auch außerhalb einer Mitarbeit im Arbeitskreis bereit finden, einen Schülerkreis kontinuierlich zu begleiten.

Für die Zurüstung zu dieser Arbeit finden jährlich regionale Schulungswochen statt, an denen der Austausch der Erfahrungen der Arbeitskreise gepflegt und die Teilnehmer in bestimmte Praxisfelder bzw. in die Grundlagen der Schülerarbeit eingeführt oder vertieft werden.

Einmal jährlich, zu Pfingsten, findet eine Tagung statt, die es Interessierten ermöglicht, die Schülerarbeit und ihre Mitarbeiter näher kennenzulernen.

Das Miteinander im Arbeitskreis ist bestimmt von dem brüderlichen Austausch aus Beruf und Gemeinde, der gegenseitigen Hilfestellung, dem gemeinsamen Gespräch um die Bibel, von dem Dank und der Fürbitte füreinander und die gemeinsame Arbeit. Dieses Miteinander erscheint umso notwendiger als ja auch oft genug Lehrer in ihrem Beruf unter starker psychischer Belastung und zeitlicher Beanspruchung stehen und dabei mit dem Gefühl leben, mitten unter Kollegen und Schülern doch einsam zu sein. Viele können es sich gar nicht mehr vorstellen, über den Fachunterricht hinaus auch noch für die Schüler, etwa auf einer Freizeit, in der Begleitung eines Kreises oder einfach in persönlichen Gesprächen da zu sein. Sicher kommt bei vielen die Enttäuschung dazu, daß die Schule zunehmend einen fruchtbaren und persönlichen menschlichen Kontakt zwischen Schülern und Lehrern und Lehrern und Kollegen unmöglich zu machen droht.

So bedeutet es für viele Lehrer, die hier mitarbeiten, zunächst eine zeitliche Mehrbelastung, aber später erfahren sie für sich selbst und in ihren beruflichen Problemen eine erhebliche Entlastung.

2.4 *Der Dienst der Hauptamtlichen*

Aus den Berichten der Reisesekretäre wird die Vielfalt der Arbeit deutlich:

- Kontakte zu Lehrern und Schülerkreisen, Gespräch mit einzelnen und in Gruppen
- Mitarbeit an Freizeiten und Tagungen
- Schüler und Schulgottesdienste begleiten, ggf. auch mitwirken
- Sitzungen und Beratung im Kreis der Hauptamtlichen, im regionalen Arbeitskreis, in Leitungsgremien
- Mitarbeit beim »contrapunkt«, Evangeliumsrundfunk
- Erarbeitung einer Unterrichtshilfe für Konfirmandenunterricht
- Briefe, Vorbereitungsarbeit
- Autofahren, unterwegs sein, Termine koordinieren.

Zu einzelnen Aktivitäten heißt es in den Berichten:

> »Die *Schulwoche* hatte viele Gesichter. Viele Schüler waren schlecht informiert. In der Vorbereitung waren sicher nicht alle Kanäle der Schule genutzt worden. Die Erwartungen waren entsprechend diffus. Viele Lehrer blieben abwartend und skeptisch. Wir haben sicherlich einige Schüler in den morgendlichen Veranstaltungen, mittags in der Teestube und vereinzelt am Nachmittag erreicht. Erstaunlich stark war das Echo auf den Schulgottesdienst am letzten Tag, zu dem von ca. 600 Schülern ca. 250 kamen (9.–13. Klasse).«

> »Am vergangenen Wochenende war die jährliche *Oberstufentagung* in Göttingen in Zusammenarbeit mit der dortigen SMD-Studentengruppe. Es kamen 43 Schüler. Und sie kamen über die Maßen motiviert. Wir hatten aus den vergangenen Tagungen gelernt und diesmal noch mehr Zeit für Gespräche freigelassen. Dabei entstand nirgendwo Leerlauf. Die gemeinsamen Programmteile und die Gruppenarbeit waren umso gefüllter. Wir Mitarbeiter waren hinterher völlig k.o. und glücklich.
>
> Wenn ich zurückdenke, war diese Tagung in Göttingen für mich in jedem Jahr ein Höhepunkt. Daß sie diesmal so gut gelang, lag an den Studenten, die sich noch mehr eingesetzt hatten

als es Gastgeber, Referenten und Gesprächspartner immer schon tun.«

»Montag war ein *Schulgottesdienst* in der Nähe von Bremen, und morgen wird der Schülerkreis in Norden/Ostfriesland einen halten. Ich freue mich über solche Aufbrüche. Es geschieht vieles in der Stille, was mir hier und da manchmal nur als Bitte, im *Gebet* daran zu denken, zugetragen wird. Ich merke daran: Meine Aufgabe ist nicht nur die Aktion.«

»Die zweite *Wochenendfreizeit* mit dem Schülerkreis vom Ratsgymnasium Hannover. Im letzten Sommer stand das Thema Gebet im Mittelpunkt. Nun sagte mir der Schülerkreis-Leiter (10.Kl.): »Beten tun sie fast alle. Aber die Bibel ist für die meisten ein ›altes Buch‹. Da mußt du uns weiterhelfen.« Der Schülerkreis ist in den letzten zwei Jahren auf 18 Schüler angewachsen, von denen 15 am Wochenende dabeisein werden. Ob sie einen Zugang zur Bibel finden, damit ihr Glaube ›Nahrung‹ bekommt?«

»Gerade habe ich für eine Sitzung des *Arbeitskreises Württemberg* mit den Freizeitteams eine Bibelarbeit über ›Erkennen‹ im Alten Testament und eine Predigt über das Petrusbekenntnis (Mt. 16,13–20) vorbereitet. Daraus zum Abschluß einige Gedanken: Im Alten Testament gibt es nicht so eine starke Trennung zwischen Erkennen und Tun. Wer etwas erkannt hat, der tut es auch, oder er hat es nicht richtig erkannt. Wenn sich z.B. das Volk Israel gegen Arme und Kranke falsch verhält und in der Politik auf falsche Propheten hört, beklagt sich der Prophet Hosea über fehlende Gotteserkenntnis. Gotteserkenntnis ohne angemessenes Verhalten gibt es nicht.«

»Ich habe in dieser Zeit mehrere *Schülerkreise im Siegener Raum* besucht und an einem Gymnasium zusammen mit vier Schülern einen Offenen Nachmittag gestaltet. Im ›frommen Siegerland‹ gibt es wirklich viele Christen, aber auch viele verschiedene Kirchen und Gemeinden, was nicht immer nur zur Bereicherung eines Schülerkreises führt. Da gibt es eine sehr ernst zu nehmende Katholikin, die nur im Stehen oder Knieen beten kann, und einen Schüler, der meint, er habe ›keinen Auftrag‹, in diesem Kreis zu beten. An einer anderen Schule haben sich liberale und strenge Christen getrennt. Schwierig ist es auch, die schweigende und unverbindlich teilnehmende Mehrheit zu mehr Verantwortungsbewußtsein und einer verbindlichen Mitarbeit zu motivieren. Oft hängt die Verantwortung an einem Schüler, der das Ganze mehr oder weniger leitet und auf dessen Engagement und Initiative sich alle anderen verlassen.«

Wenn jemand *neu im Reisedienst* einsteigt – häufig sind es junge Lehrer oder Theologen –, wird diese Arbeit oft als Herausforderung an die ganze Person empfunden. In ihrem Brief an einen Freundeskreis schreibt eine neue Reisesekretärin:

»Im Juli dieses Jahres habe ich nach 1 1/2jährigem Referendariat mein 2. Staatsexamen abgelegt. Obwohl das Lehrersein mir viel Freude machte, habe ich eine Planstelle im Gymnasialbereich abgelehnt und auf eine Anfrage der Studentenmission in Deutschland (SMD) meine Mitarbeit zugesagt. Seit August arbeite ich nun in der Christlichen Schülerarbeit der SMD als Reisesekretärin. Meine Hauptaufgabe liegt in der Betreuung von Schülerkreisen. Die Schüler können mich in Anspruch nehmen, ihnen eine Mitarbeiterstunde, eine Bibelarbeit oder ein Referat zu halten, sowie bei besonderen Aktionen wie Offenen Abend, Wochenendfreizeiten oder auch Büchertischaktion mitzuarbeiten. Überregional veranstalten wir Tagungen, Schülertage oder auch 14tägige Sommerfreizeiten. Die Arbeit ist vielschichtig und interessant und fordert meinen ganzen Einsatz. Ich möchte hier im Norden zunächst einmal herausfinden, wo es überhaupt interessierte Schüler und Schülerkreise gibt.

Ein weiterer Schwerpunkt meiner Arbeit liegt darin, Lehrer und andere erwachsene Mitarbeiter zu finden, die bereit sind, Schülerkreise am Ort zu begleiten. Überhaupt möchte ich mehr mit Lehrern ins Gespräch kommen, die zum Teil recht hilflos und resigniert sind. So werde ich in der nächsten Zeit viele Briefe schreiben und Leute besuchen, um sie über die christliche Schülerarbeit zu informieren und nach Möglichkeit auch zu interessieren.

Daneben sind mir Gemeindekontakte sehr wichtig, damit die Schülerkreise nicht isoliert sind, sondern zur Gemeinde Kontakt halten und von der Gemeinde unterstützt werden.«

2.5 *Aus der Arbeit des Evangelischen Jugendwerkes*

In Württemberg ergab sich 1971 die Chance, innerhalb des Evangelischen Jugendwerkes eine Schülerarbeit zu beginnen. In Zielsetzung und Methodik entspricht sie weitgehend der vorangegangenen Darstellung. Durch die Zusammenarbeit mit der Schülerarbeit der Studentenmission ist eine stärkere Ausbreitung und eine intensivere Betreuung der Arbeit in Württemberg möglich. Besonders in der Arbeit an jüngeren Schülern und der Gruppenbegleitung liegen in Württemberg bereits mehr Erfahrungen vor als im sonstigen Bundesgebiet.

1971 gab es in Württemberg ca. 40 Schülerbibelkreise. In den folgenden Jahren stieg die Zahl der Kreise auf 240. Die Schülerbibelkreise sind selbständige Gruppen und leiten sich selber. In der Regel schließen sie sich freiwillig der Schülerarbeit im Evangelischen Jugendwerk an, um von dort Informationen und Material zu bekommen.

Die Schülerbibelkreise arbeiten überkonfessionell. Sie leisten einen wichtigen Beitrag zur Ökumene. Damit sind die Schülerbibelkreise auf die Schule im ganzen bezogen. Juristisch sind sie dadurch eine Schülervereinigung innerhalb der Schülermitverantwortung (§ 7 Abs. 2 Nr. 1 der SMV-Verordnung vom 8.6.1976, in Verbindung mit § 2 Abs. 1 der SMV-Richtlinien – bestätigt durch ein Schreiben des Kultusministeriums vom 8. Juli 1976). Die Schülerarbeit soll ein Modell für überkonfessionelle Arbeiten sein, um die Sache Gottes an den Schulen gut ausrichten zu können.

Betreut und gefördert werden diese Schülerbibelkreise von zwei hauptamtlichen Mitarbeitern der Schülerarbeit im Evangelischen Jugendwerk und einem Reisesekretär der Schülerarbeit der Studentenmission sowie den ehrenamtlichen Mitarbeitern, die sich auf Landes- und Regionalebene engagieren. Ein Freundeskreis unterstützt die Schülerarbeit durch Gebete und Gaben.

Die Struktur der Schülerarbeit im Evangelischen Jugendwerk läßt sich am besten an einer Skizze deutlich machen:

SBK = Schülerbibelkreise
RK = Regionalkreise
MAK = Mitarbeiterkreis, ehrenamtliche Mitarbeiter auf Landesebene
FA = Fachausschuß, Gesprächspartner zum Evangelischen Jugendwerk

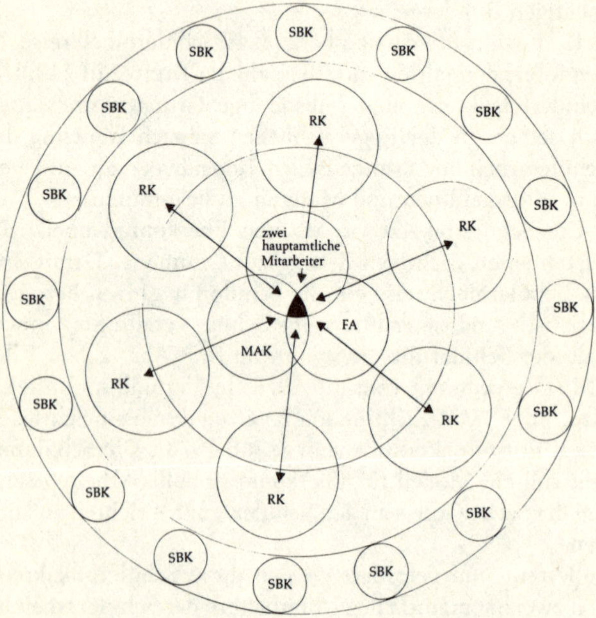

Die Graphik ist als Einheit zu sehen. Sie gibt die Struktur der »Schülerarbeit« im Evangelischen Jugendwerk Württemberg wieder.

Unter den ehrenamtlichen Mitarbeitern nimmt der Gruppenbegleiter eine wichtige Stellung ein. Sehr früh wurde erkannt, welch große Bedeutung die Gruppenbegleiter für die örtliche und für die Gesamtarbeit als Stabilisatoren haben. Sie sind der eigentliche Ring von Mitarbeitern, die die Schülerarbeit tragen und zusammenhalten.

Engagiert als Gruppenbegleiter (K. Häberle)

Als Einleitung Voten einiger Schüler:

> »Unser Begleiter verhält sich wie einer von uns, nur weiß er eben mehr in der Bibel.«
>
> »Wir wünschen uns, daß unser Gruppenbegleiter uns durch Gebet unterstützt; uns hilft in ›kniffligen‹ Fragen, wo wir nicht weiterkommen, daß er Wochenendfreizeiten vorbereitet und mitwirkt.«
>
> »Unsere Begleiterin gibt uns geistigen Rückhalt und ist Mitarbeiterin als gleichberechtigtes Mitglied.«
>
> »Unser Gruppenbegleiter ist uns eine Hilfe in der Beratung und in der Gestaltung außergewöhnlicher Treffen.«
>
> »Wir sind jetzt weniger abhängig von dem Begleiter als vor den Sommerferien.«
>
> »Er hat nicht immer die Zeit, zu unseren Versammlungen zu kommen, was aber nicht unbedingt schlecht ist, da wir sonst alle Aufgaben an ihn delegieren würden. Wenn er kommt, hält er meistens die Bibelarbeit.«

1. Die Bedeutung des Gruppenbegleiters

In den letzten Jahren hat sich zunehmend die Erkenntnis durchgesetzt: Die Schülerbibelkreise brauchen Erwachsene, die die Kreise begleiten und ihnen ein Stück Kontinuität vermitteln können. Ein erwachsener Christ kann für junge Christen zu einem Vorbild werden. Durch seine Lebenserfahrung kann er den Schülerbibelkreis bereichern und vor Abgleiten in extreme Positionen schützen. Als Erwachsener hat er die Möglichkeit, zwischen jung und alt, zwischen

Schülerbibelkreis und Gemeinde zu vermitteln. Die Leitung des Schülerbibelkreises liegt jedoch bei einem Schüler.

Viele Gruppenbegleiter sind Lehrer oder Lehrerinnen. Aber auch andere Erwachsene haben die Möglichkeit, einen Schülerbibelkreis zu begleiten, z.B. Studenten, Hausfrauen, Krankenschwestern, soweit sie es einrichten können, am Treffen des Schülerbibelkreises teilzunehmen.

Mancher erwachsene Christ, vor allem wenn er Lehrer ist, schreckt zunächst davor zurück, in einen Schülerbibelkreis von Jugendlichen zu gehen. In der Praxis hat die Beteiligung eines Erwachsenen positive Wirkungen:

Ermutigung: »Auch Lehrer fördern unsere Arbeit.« »Christsein ist nicht nur etwas für Schüler.«

Entkrampfen der Lehrer-Schüler-Beziehung von beiden Seiten: Begegnung von Mensch zu Mensch. Abbau von Vorurteilen: »Lehrer sind auch Menschen«, »Meine Einstellung zu den Schülern hat sich verändert.«

Stabilisieren: Schülerbibelkreise mit einem Gruppenbegleiter sind stabiler. Dem Gruppenbegleiter ist es möglich, wichtige Kontakte zu Lehrern, Pfarrern, Gemeinden, Jugendgruppen etc. zu knüpfen, die auch dem Schülerbibelkreis von Nutzen sein können.

Initiieren: Ideen einbringen und bewerten helfen; auf Möglichkeiten und Grenzen aufmerksam machen; zum Durchhalten ermutigen; Möglichkeiten der Mitarbeit: z.B. finanzielle Unterstützung, Bibelarbeit halten, Bereitschaft für seelsorgerliche Gespräche.

2. *Aufgaben des Gruppenbegleiters*

Die Aufgaben als Gruppenbegleiter kann man in drei Bereiche gliedern.

Geistliche Beratung: Unser Anliegen ist, daß jeder Schüler in einer lebendigen Gemeinde oder Jugendgruppe geistlich begleitet wird. Dies ist jedoch oft nicht möglich. Der Gruppenbegleiter soll auf die Entwicklung des Kreises achtgeben, was den Glauben, die Lehre und das Leben der Gruppe und des einzelnen betrifft.

Konkret: Gibt es im SBK Tendenzen zur Gesetzlichkeit oder zu ungebundener Freizügigkeit? Durch Vorbild, Bibelarbeit, Referat, persönliche Beiträge und Gespräche im SBK oder auf Freizeiten kann der Gruppenbegleiter seiner Aufgabe als geistlicher Berater nachkommen.

Pädagogische Beratung: Eine weitere Aufgabe eines Gruppenbegleiters besteht darin, pädagogischer Berater des SBKs zu sein. Bei folgenden Fragen kann das erforderlich sein:

- Wie plant man ein Programm?
- Wie baut man eine SBK-Stunde auf? (Ziele – Inhalte – Medien – Methoden usw.)
- Welche Prozesse laufen im Schülerbibelkreis?
- Wie kommt der SBK an Neue heran?
- Wie wirkt das Programm der Gruppe auf Außenstehende?
- Ist die Einstellung der einzelnen zur Gruppe in Ordnung?
- Dazu kommen praktische Fragen: Zeit- und Raumprobleme/Tips zur Programmgestaltung/zur Vorbereitung von Wochenenden/Schulung und offenen Veranstaltungen/Aufsichts- und Versicherungsfragen/Verhältnis Schülerbibelkreis – Schulleitung/Verhältnis zum Lehrerkollegium/zu der SMV/Finanzen/Organisation/SBK-Ordner mit wichtigen Unterlagen/Hinweise auf Angebote der Landesstelle.

In allen Punkten sollen die Schüler möglichst selbständig werden!

Persönliche Beratung: Die Durchführung dieser Aufgabe ist nicht plan- oder machbar. Hilfreich ist es, den SBK öfters einmal zu sich nach Hause einzuladen. Der Gruppenbegleiter nimmt sich vor allem des einzelnen an. Es ist wichtig, dem Leiter der Gruppe, einzelnen Mitarbeitern oder Mitgliedern und auch den Gästen als Gesprächspartner zur Verfügung zu stehen. Dieses Gespräch wird dann keine Fragen ausschließen: Schulfragen, Lerntips und persönliche Probleme können hier angesprochen werden, genauso wie geistliche Fragen. Das Gespräch kann also von der Schullaufbahn bis hin zur Seelsorge reichen.

Diese Aufgabe bedingt, daß es für den Gruppenbegleiter und die einzelnen Schüler Möglichkeiten der Begegnung gibt. Persönliche Beratung braucht Zeit. Schüler, Eltern, Kollegen sollen spüren, daß sie mir wichtig sind.

3. Zur Praxis als Gruppenbegleiter

Durch Kontakte zu einzelnen Schülern oder durch den Besuch der Schülerbibelkreis-Stunde kann ein *erster Kontakt* geknüpft werden. Am Anfang ist es wichtig, zuzuhören und vorsichtig mitzumachen. Lehrer sollten nicht vergessen, daß Schüler sie zunächst in ihrer Rolle sehen. Für Lehrer ist es wichtig, sich bewußt zu machen: Ich gehe in den Schülerbibelkreis nicht als Lehrer oder Aufsichtsperson, sondern als Mitchrist und Mensch, der den Beruf des Lehrers gewählt hat.

Für *Gruppenbegleiter von außerhalb* der Schule oder bei starker Inanspruchnahme liegt es nahe, in gewissen Abständen – mehr aus der Distanz – am Leben des SBK teilzunehmen. Für ihn ist es schwieriger, zu einem persönlichen Verhältnis zu den einzelnen zu kommen. Deshalb ist es wichtig, von Zeit zu Zeit genügend große Freiräume zu haben, die einzelnen kennenzulernen und ihnen zu begegnen.

Andere Gruppenbegleiter kommen regelmäßig (z.B. manche Lehrer). Die Gefahr besteht darin, vom Begleiter zum Leiter der Gruppe zu werden. Manche SBKs stellen sich sehr schnell auf eine solche erwachsene Person ein und erwarten dann in schwierigen Situationen sofort eine Lösung durch den Gruppenbegleiter. Deshalb ist hier innere und äußere Zurückhaltung unbedingt notwendig. Auch in Anwesenheit des Gruppenbegleiters darf einmal etwas schief gehen, weil gerade aus der Unzufriedenheit, die danach entsteht, Entscheidendes gelernt werden kann.

Will der SBK den Gruppenbegleiter? Diese Frage ist wichtig, auch wenn man sie vielleicht nicht immer offen stellt. Für die Sache Gottes ist entscheidend, daß sich die Christen an der Schule, an der Uni oder am Arbeitsplatz zusammentun. Im Reich Gottes gibt es keine Konkurrenz zwischen Lehrern und Schülern, sondern die Herausforderung zur Solidarität und zum gemeinsamen Handeln. Trotzdem bleibt die Frage, ob der SBK den Gruppenbegleiter will.

Gerade das gemeinsame Tun schafft oft Verstehen. Ein Gruppenbegleiter sollte den Mut haben, die Frage, ob die Gruppe ihn will, offen auszusprechen. Die Gruppenmitglieder sollten die Antwort auf diese Frage in einem Treffen ohne den Gruppenbegleiter finden.

Du oder Sie? In der Schülerarbeit ist das Duzen gängig, aber es ist keine Voraussetzung für unsere Arbeit. Zunächst wird vor allem der Lehrer, der Schüler aus dem SBK unterrichtet, die Schüler mit »Sie« ansprechen. Dazu verpflichtet ihn (in Württemberg) das Gesetz und auch der Gleichheitsgrundsatz gegenüber den anderen Schülern. Ob in Treffen außerhalb der Schule das »Du« angeboten wird, hängt vom Gruppenbegleiter ab. Sicher ist, daß nicht das Duzen Voraussetzung für das Engagement als Gruppenbegleiter ist.

Bei manchen Schülern stellt sich auch die Frage, ob sie »reif« genug für ein »Du« sind, besonders dann, wenn sie der Gruppenbegleiter unterrichtet. Für diesen Konfliktfall gibt es eine Anregung aus dem Verhältnis zwischen Skilehrern und ihren Schülern. Auf der Piste ist es klar, daß »Du« gesagt wird, ansonsten gilt das »Sie«. Ob dies für den einzelnen Gruppenbegleiter und die Schüler ein Modell ist, muß sich vor Ort klären.

Leiten oder begleiten? Diese Frage stellt sich vor allem dann, wenn der Schülerbibelkreis so schwach ist, daß eine Leitung hilfreich und notwendig erscheint, um dadurch den Kreis aus der Krise zu führen. Dieser Konflikt zwischen der Idee des selbständigen Schülerkreises und der Realität, wie sie manchmal auftritt, sollte praxisnah entschieden werden.

Wenn nötig, sollte der Gruppenbegleiter den Mut haben, die Leitung für einige Zeit zu übernehmen. Sein Ziel muß es aber von Anfang an sein, früher oder später die Leitung wieder in die Hände der Schüler zu legen. Insgesamt bleibt es wichtig, daß der Schülerbibelkreis eine Veranstaltung von Schülern für Schüler sein soll. Der Gruppenbegleiter sollte Impulse geben und die Schüler soviel wie möglich selber tun lassen.

2.6 *Hinweise auf Materialien*

a) Der *Schülerrundbrief* erscheint in vier Regionen: Norddeutschland, Nordrhein-Westfalen, Hessen/Bayern und Süddeutschland. Es ist ein Rundbrief von Schülern für Schüler, der aus den einzelnen Kreisen berichtet, Ideen und Anregungen weitergibt, zum Beten füreinander aufruft und kleine biblisch-theologische Schulung bietet. Er erscheint dreimal im Jahr.

b) Der *»contrapunkt«* ist eine traditionsreiche Zeitschrift für Schüler, die heute vom MBK (Arbeitsgemeinschaft für missionarisch-biblische Dienste unter Jugendlichen und Berufstätigen) zusammen mit den Vereinigten Bibelgruppen der Schweiz und der Christlichen Schülerarbeit der SMD herausgegeben wird. Sie erscheint alle zwei Monate und steht jeweils unter einem Leitthema, das von den verschiedenen Aspekten her beleuchtet wird. Viele Artikel eignen sich vorzüglich zum Einsatz in Schülerkreisen, im Religionsunterricht oder zum Weitergeben an interessierte Schüler.

c) Eine 34seitige *Arbeitshilfe* für Schülerkreise bietet den Gruppen Anleitung zu den praktischen Fragen ihrer Arbeit. Aus dieser Broschüre sind auch Arbeitsblätter zu bestimmten Themen einzeln erhältlich.

d) *Literatur- und Medienkartei.* Zu verschiedenen Themen der Schülerarbeit besteht eine Kartei, die unter bestimmten Stichworten Literatur, Bibelstellen, Kassetten, Arbeitsblätter, Tonbilder, Dias und Handbilder angibt.

e) Der *Evangeliumsrundfunk* strahlt über Radio Monte Carlo zweimal im Monat eine Sendung in der Sendereihe »Prisma für Schüler« aus. Ein Redaktionsteam aus verschiedenen Verbänden, vor allem aber aus der Schülerarbeit, verantwortet diese Sendungen, die Schüler mit der Botschaft des Glaubens bekannt machen, die Idee missionarischer Arbeit an den Schulen vielen Schülern vermitteln und bestehenden Gruppen in ihrer Arbeit Hilfestellung bieten wollen.

Für Gruppen besteht der Service, daß jede gelaufene Sendung bei der Geschäftsstelle der SMD als *Kassette* auszuleihen ist. So stehen z.B. folgende Themen zur Verfügung:

- Gewissen, was ist das?
- Wie die Welt begann – Evolution, Schöpfung, naturwissenschaftliche Erkenntnis
- Zu Hause ist alles okay
- Umgangsformen der Liebe
- In der Gemeinde leben, in der Schule arbeiten
- Keine Angst vor Streß
- Christen kommen nicht zu kurz
- Eine Fete zum Selbermachen
- Wir gestalten einen Schulgottesdienst.

f) *»Die Fontäne«:* Ein neues Liederbuch mit Gospels, Chorälen, Songs, Ökumenischen Liedern, Folklore – erarbeitet von einem Kreis von Mitarbeitern aus der Schülerarbeit unter Leitung von Ortwin Schweitzer und Karl Häberle. Zu bestellen bei der Schriftenniederlage des Evang. Jugendwerkes in Württemberg, Danneckerstr. 19 A, 7000 Stuttgart 1, Preis: DM 13,80; ab 10 Stück DM 13,20; ab 25 Stück DM 12,80.

3. Arbeitshilfen und Anregungen

3.1 Zur Arbeit eines Schülerkreises
(vgl. auch S. 29ff.)

Schülerkreise entstehen durch Schülerinitiative. Sie arbeiten individuell nach den Gegebenheiten der jeweiligen Schule. Gemeinsames Ziel aller Gruppen ist, das Evangelium von Jesus Christus weiterzusagen und zu leben am »Arbeitsort Schule«.

Bereits durch das Dasein an der Schule ist ein Schülerkreis missionarisch. Man trifft sich in der Regel nicht in kirchengemeindlichen Räumen, sondern an dem säkularen Ort Schule.

Die Schülerarbeit ist eine offene Arbeit. Die Gruppen bieten themenorientierte Treffen, Arbeit an biblischen Texten, sowie Kurzandachten in der Pause an und veranstalten Aktionen oder Projekte in verschiedenen sozialen Bereichen. Der einzelne soll durch das gemeinsame Gebet und persönlichen Austausch ermutigt und bestärkt werden, in den Schulalltag positiv hineinzuwirken. In den Schülerkreis kann jeder kommen, der vom Leben als Christ mehr erfahren möchte.

Oft bieten die Schülerkreise mehrere Treffs pro Woche an. Jeder soll nach seinen zeitlichen Möglichkeiten die Gemeinschaft von Christen und das Angebot des Evangeliums erleben können. Die Schüler treffen sich auch außerhalb der Schule und lernen eine vom Evangelium bestimmte Gemeinschaft kennen.

Wie entsteht ein Schülerkreis?

Sehr oft wird ein Schülerkreis durch einen Lehrer »angestoßen«. Manchmal wird auch von Eltern dazu ermutigt. Die Schritte dazu müssen jedoch von Schülern getan werden: Beim Schulleiter vorsprechen und sich die Erlaubnis zum Veranstalten christlicher Treffs geben lassen, die Raumfrage klären und am Schwarzen Brett eine Einladung anbringen. Neben dem Direktor ist es wichtig, den Hausmeister zu informieren.

Häufig fühlen sich Schülerkreise in ihrem Engagement überfordert und allein gelassen. Von daher ist es sinnvoll, daß jeder Schülerkreis eine erwachsene Person als Gruppenbegleiter hat. Er muß nicht in jeder Gruppenstunde sein. Er soll jedoch keinesfalls Leiter sein. Wäre er Leiter, würde die Gefahr bestehen, daß er zu sehr bestimmt, oder gar den »ganzen Karren zieht«.

Das Verhältnis des Gruppenbegleiters zum Schülerkreis muß gewachsen sein. Es darf nicht aufgedrängt oder gar übergestülpt werden. Der Gruppenbegleiter muß sich zurückhalten können und Spannungen in und mit der Gruppe tragen können.

Aufgaben des Gruppenbegleiters können sein:
- der Gruppe gegenüber Interesse zeigen
- für die Gruppe beten
- der Gruppe beratend zur Seite stehen
- die Gruppe einladen
- für die Gruppe eine Bibelarbeit halten oder zu einem Thema sprechen
- für einzelne als Gesprächspartner zur Verfügung stehen.

Wie aus einer Tagung die Initiative zu einem Schülerkreis erwachsen kann, zeigen die beiden folgenden Berichte:

> Die Teilnahme an der Tagung »Christsein in der Schule« in Homberg-Hülsa war für das Gymnasium i.E. Heide-Ost wahrscheinlich ein Glücksfall. Es geht für diese Schule darum, eine Tradition aufzubauen, und das gemeinsame Erlebnis von zwei Lehrern (angehenden Religionslehrern im 3. Fach) und vier Schülern (davon einer aus dem Gymnasium W. Heisenberg in Heide) kann zum Anstoß für die Entstehung religiösen Lebens in einer Schule werden. Die Atmosphäre dieses Schulzentrums (und das ist in den meisten Schulen der Fall) ist noch so sehr von

Natur- und Geisteswissenschaften geprägt, daß das Miterleben der Tagung nicht nur ein Glücksfall, sondern – aus unserer Sicht – direkt eine Notwendigkeit war.

Es gilt, den bei vielen Schülern schon fast verschütteten Zugang zum Glauben (z.B. durch ein gleichgültiges Elternhaus oder die Überbewertung und Verabsolutierung der »ach so wichtigen« Naturwissenschaften in den Medien und der Literatur) so freizulegen, daß sie erkennen, *Christsein in der Schule* ist nichts Exotisches, Anachronistisches, Überholtes, sondern etwas, was uns als Schüler und Lehrer täglich angeht. Die Erfahrung des christlichen Glaubens kann als eine Leitlinie für das ganze spätere Leben der jungen Menschen von großer Bedeutung sein.

In Heide-Ost wurde zunächst ein Schülerkreis gebildet, der im Augenblick mit 6 Schülern bei weitem noch nicht alle Interessenten erreicht haben dürfte. Das Sammeln von Erfahrungen und die tatkräftige Hilfe der christlichen Schülerarbeit der SMD ist notwendig, um diesen Embryo einer ökumenischen christlichen Bewegung in der Schule (denn nur so ist Christsein hier zu verstehen) nicht eingehen zu lassen. Die bei der Tagung erhaltenen Materialien (Arbeitsblätter, Rundbriefe, Arbeitshilfen, Medienkarteien) bildeten die Basis der ersten Treffen. Aber noch können die Schüler den Verlauf der Treffen nicht selbständig organisieren, die Organisationsarbeit lastet noch auf den Schultern des Lehrers, der das natürlich tut, um die so hoffnungsvoll begonnene Arbeit nicht vorzeitig »eingehen« zu lassen.

Wie soll es weitergehen?

Vorerst hoffen wir auf weiteren Zulauf, denn das Reservoir, man glaube es oder nicht, ist groß. Wir sehen der Zukunft des Christseins in der Schule, gerade in einem so jungen Gymnasium wie Heide-Ost, mit großem Optimismus entgegen. Die Erfahrungen mit Homberg-Hülsa, in den Arbeitsgruppen, in persönlichen Gesprächen mit Teilnehmern und Verantwortlichen (vor allem den Reisesekretärinnen Christine Günther, Hamburg, und Ingrid Czechanowski, Hannover), mit Kollegen und Schülern zeigen, daß es neben den immer gleichen Problemen immer wieder »Erfolgs«-Meldungen gibt.

Die Frage, der wir uns in Zukunft immer wieder neu widmen müssen, ist »Christ sein in der Schule – wie wird man das und wie macht man das?« Unsere Versuche, eine Antwort in den Auseinandersetzungen im Alltag der Schule zu finden, haben begonnen. Dazu hat uns die Tagung in Homberg-Hülsa gute Starthilfen gegeben.

D. Benkartek

Da wir zu fünft an der Tagung teilgenommen haben, hat jeder versucht, mit Leuten zu sprechen, die bereits mit Schülerkreisen Erfahrung gemacht haben. Wir konnten uns so eine gute Meinung bilden und haben in Heide unsere Vorstellungen zur Gestaltung eines Schülerkreises zusammengetragen.

Durch Gespräche in den Gruppen konnte man sich sehr gut ein Bild über einen Schülerkreis machen. In unserem Kreis von ungefähr sechs Leuten sitzt auch ein Lehrer, der uns Anregungen zur Diskussion geben kann. Die Gruppe trifft sich einmal in der Woche, am Dienstag in der 6. Stunde. Wir nehmen uns Bibelstellen und Texte vor, die sich mit dem Glauben befassen, wir sprechen über alltägliche Probleme, was zu einer guten Diskussion führen kann. Zum Abschluß findet eine Gebetsgemeinschaft statt.

Martin Boigs, Jahrgangsstufe 10

3.2 Schülergottesdienst – kann man das wagen?

Fünf bis zehn Schüler wollen einen Schülergottesdienst gestalten. Sie werden sich zunächst darüber klar, an welche Gruppe in der Schule sie sich wenden wollen und welches der Hauptgedanke des Gottesdienstes sein soll. Hierbei darf man sich nicht gleich alles auf einmal vornehmen.

Wenn dies abgeklärt ist, muß zuerst der Schulleiter gewonnen werden. Er kennt meist auch den günstigsten Termin. Den technischen Rat des Hausmeisters über Tonanlagen usw. zu suchen, ist weit wichtiger, als ihn etwa nur über den Termin des Gottesdienstes zu informieren. Alle Lehrer sollten durch einen Aushang im Lehrerzimmer zu dem Gottesdienst eingeladen werden. Auf diese Weise sind auch alle informiert. Auch der Religionslehrer freut sich, wenn er angesprochen wird und Bescheid weiß. Seine Kollegen fragen ihn oft zu dem Schulgottesdienst, vielleicht wird der eine oder andere Lehrer bei ihm auch Klagen über »Unterrichtsausfall durch den Gottesdienst« abladen.

Dies alles muß spätestens vier Wochen vor dem Gottesdiensttermin erledigt sein; dann geht es an die Planung und Gestaltung im einzelnen. Man darf sich dabei nicht auf den guten Einfall in der letzten Sekunde verlassen. Ein Bericht, wie andere es gemacht haben, hilft oft weiter und macht uns Mut. Dieter schreibt:*

> »Wir haben es gewagt, einen Schülergottesdienst durchzuführen. Als wir einige Wochen vorher unsere Schulleitung aufsuchten, schlug diese vor, doch die erste Stunde des letzten Schultages zu nehmen. Jeder Schüler, der kommen wollte, würde vom Unterricht befreit. Also ein richtiger Schulgottesdienst. Wir waren überrascht von dieser tollen Möglichkeit. So sind wir sofort an die Vorbereitungen gegangen.
>
> Wir wollten den kleinen Musiksaal benutzen, weil dieser Raum recht gemütlich war und vor allem einen Teppichboden

* Auszug aus dem Arbeitsblatt 14 der *Arbeitshilfe* für Schülerkreise »Wir gestalten einen Schulgottesdienst« von H. H. Böhm; s. a. S.58

besaß. Auf dem Boden sitzen bringt eine ganz andere Atmosphäre. Außerdem passen so mehr Leute in den Raum. Nachdem der Raum klar war, haben wir überlegt, was es sonst alles zu tun gibt. Vor lauter Diskussionen um das Thema hätten wir doch beinahe die Einladeaktion vergessen. Zwei von uns haben dann einen Handzettel und Plakate entworfen. Der Text lautete:

›Schülergottesdienst, 18. Dezember, 7.50 Uhr, Musiksaal. Thema: Allein und unverstanden unter vielen.‹

Zum Thema hatten wir noch eine schöne Graphik entworfen. Einige Menschen und darunter einer, der von den anderen getrennt war.

Auf der Rückseite des Handzettels war zu lesen:

›Zur Abwechslung wollen wir dieses Mal den Schulgottesdienst gestalten. Wir, daß heißt, der Schülerkreis. Wir sind sechs Leute und treffen uns montags in der großen Pause und mittwochs in der 7. Stunde im Raum 10. Wir sind überzeugt, daß man auch im Alltag mit Jesus leben kann.‹

Die Plakate hatten wir zwei Wochen vorher aufgehängt – eines davon im Lehrerzimmer. Die 500 Handzettel verteilten wir fünf Tage vor dem Gottesdienst morgens vor dem Schuleingang. Am Tag vor dem Schulgottesdienst ließen wir unsere Veranstaltung noch einmal im Schulrundspruch durchsagen.

Über das Thema haben wir im Schülerkreis lange gesprochen. Wir suchten eines, das uns beschäftigt und zu dem wir aus eigener Erfahrung etwas beitragen konnten: ›Allein unter vielen‹. Ein Rollenspiel schien uns gut geeignet, die Schüler abzuholen. Alle waren sofort begeistert über diesen Einstieg. Im Mittelpunkt sollte eine Schülerin in ihren Konflikten mit Freunden und Eltern stehen. Claudia sollte nach dem Rollenspiel eine kurze Ansprache übernehmen. Gerhard wurde mit der Liedauswahl beauftragt. Nachdem wir dieser Auswahl alle zugestimmt hatten, schrieb er die Texte auf eine Folie für den Tageslichtschreiber. So konnten alle beim Gottesdienst die Lieder mitsingen.

Eines unserer Vorbereitungstreffen haben wir im Musiksaal abgehalten. Dort haben wir unseren Gottesdienst geprobt. Das war gut so, denn so konnten wir das Anspiel schon mal hören. Wir stellten fest, daß es einfach zu lang war. Außerdem war die Stimme von Claudia in der hintersten Ecke kaum zu verstehen. Bei dieser Probe haben wir eine Menge gelernt.

Ja, und dann kam der große Tag X. Wir waren schon etwas aufgeregt. Deswegen fand ich unser Gebetstreffen vorher so gut: Wir erfuhren neu, daß wir eine Gemeinschaft sind und daß Gott uns an diese Schule gestellt hat. Und weil wir wußten, daß Gott in unserer Mitte ist, wurden wir auch wieder ein Stück ruhiger. Zum Abschluß unserer Gebetsgemeinschaft haben wir noch ein Loblied gesungen. Und da trudelten auch schon die ersten Schüler ein. Genau 7.50 Uhr begrüßte Uschi die Gottesdienstbesucher. Sie stellte erst den Schülerkreis vor. Dann sagte sie, daß sie es toll fände, daß so viele so früh aus den Federn gekrochen sind. Das hat sie richtig gut gemacht, weil es so herzlich war. Als wir dann das erste Lied sangen, strömte eine ganze Klasse mitsamt Lehrer herein. Einige mußten sogar stehen, so gefüllt war der Musiksaal.

Ich schreibe nachfolgend den Gottesdienstablauf exakt auf.

7.20 Uhr letzte Vorbereitungen und Gebetsgemeinschaft
7.40 Uhr erstes Eintreffen der Schüler
7.50 Uhr Begrüßung, dann gemeinsames Lied
7.55 Uhr Kurze Erläuterung, was wir im Gottesdienst vorhaben; Lied, das zum Thema überleitet: »Wir tragen viele Masken«
8.00 Uhr Rollenspiel (Wir haben nicht wörtlich gelernt, sondern aus dem Stegreif gesprochen.)

1. Szene, im Bus

Das Mädchen Andrea unterhält sich mit einem Klassenkameraden über ihre schlechte Mathenote. Der Junge meint, Andrea schaffte das schon irgendwie und irgendwann und lädt sie schließlich zu einer Party ein.

2. Szene, zu Hause beim Mittagessen

Als die miese Note herauskommt, gibt es einen Krach mit der Mutter. Andrea soll mehr lernen und darf abends nicht mehr weg.

3. Szene, Andrea in ihrem Zimmer

Andrea versucht zu lernen, gibt aber bald resigniert auf. Sie liest dann ihre ›Bravo‹. Dort stößt sie auf die Beratungsecke. ›Wenn Du Probleme hast, schreibe an Dr. Sowieso, der wird Dir helfen‹, liest sie. Sie merkt, daß die Antworten auf ähnliche Fragen wie ihre sehr phrasenhaft sind. Andrea wünscht sich jemand, der sie versteht, mit dem sie richtig reden kann.

8.14 Uhr Lied des Schülerkreises zum Thema

8.20 Uhr Kurzansprache, die das Rollenspiel aufnimmt und dann ein Wort der Bibel dazu auslegt

8.25 Uhr Gemeinsames Lied, dann Gebet von Conny

8.30 Uhr Verabschiedung, Dank fürs Kommen und Einladung zum nächsten Schülerkreistreffen.

Es ging alles sehr schnell über die Bühne. Bei Kaffee und Kuchen am Nachmittag hielten wir Rückblick. Wir hatten alle den Eindruck, daß der Gottesdienst gut angekommen sei, besonders auch das Rollenspiel. Viele Schüler kamen, weil Leute ihres Alters etwas anboten. Wir hatten Fragen aufgegriffen, die sie selbst bewegten. Deshalb hörten sie gespannt auf unsere Erfahrung mit Gott in diesen Fragen. Wir halten den Schulgottesdienst für eine große Chance, Außenstehende zu erreichen. Deshalb wollen wir zukünftig jedes halbe Jahr einen Schulgottesdienst anbieten.«

Materialhinweise:

Anspiele sind in verschiedenen Werkbüchern zusammengetragen. Erhältlich zum Beispiel beim Verlag Junge Gemeinde, Postfach 979, in 7000 Stuttgart 1. Werkbuch »Anspiele« von Andreas Bender in der ABC-Team Reihe. Gut geeignet für Schulgottesdienste sind die Karikaturen von Heinz Giebeler. Die »Denkzettel«, so heißt die Serie, sind als Dias oder als Blätter in Postkartengröße erhältlich. Themen wie Angst, Freiheit, Selbsterfahrung, Liebe, gute Vorsätze, ein hoffnungsloser Fall, sind in Karikaturen erfaßt. Auf der Rückseite der Blätter gibt es kurze Texte, die sich für Kurzansprachen eignen. Jede der Serien hat 12 Bilder. Man kann zunächst eine Mustersendung zur Ansicht bestellen, indem man DM 3,00 in Briefmarken vorher sendet. Adresse: Atelier Giebeler, Nörtinger Straße 96, in 7430 Metzingen.

3.3 *Über das Artikelschreiben bei einer Schülerzeitung*

»Alles Käse. So kann man doch keinen Artikel schreiben!« Peter hat seine eigenen Vorstellungen über den Schreibstil der »Penne«. »Die ›Penne‹ hat Tradition. So'n Artikel kann sich unsere Schülerzeitung doch nicht mehr erlauben.«

Es ist Mittwochnachmittag, fünf Uhr, Redaktionssitzung. Der arme Kerl, der da gerade Prügel bezieht, weiß sich zu wehren: »Wie soll ich eine gute Reportage über diese Penne – ehh Schillerschule – schreiben, wenn ich nächste Woche drei Arbeiten schreibe, noch Anzeigen und Layout besorgen soll und noch meine Fahrschule hab' . . . Außerdem arbeite ich ja hier sowieso so gut wie alleine!«

So stöhnt man noch eine Weile über Überlastung, bis einer den gar nicht neuen Vorschlag macht, doch mal ein paar Neue anzuheuern. Gesagt, getan. In der nächsten Nummer steht's drin: »Penne« sucht Mitstreiter.

Mitarbeitermangel, davon kann so manche Schülerzeitung ihr Lied singen. Ein Plädoyer fürs Mitschreiben? In der Tat! Denn Schülerkreise und Christen überhaupt haben ja 'ne Menge zu berichten, eine ganze Masse Zündstoff für den »Zündstoff«, oder wie vielleicht gerade eure Schülerzeitung heißt.

Problem Nummer eins beim Schreiben: Es gibt Artikel, die sind stinklangweilig, interessieren keinen. Warum eigentlich? Ganz einfach: Zielgruppe verfehlt. Zielgruppe, das sind immer die Leute, die den Artikel oder die Zeitung lesen sollen. Wenn ich also für eine Schülerzeitung schreibe, mache ich mir einen Knoten ins Gedächtnis, um mich öfter mal daran zu erinnern, daß ich für Schüler schreibe! Nicht für Eltern und Lehrer, nicht für den frommen Jugendkreis oder den CVJM. – Also, ich schreibe, *was* Schüler interessiert, und ich schreibe *wie* für Schüler, also keinen Fachreport; zwar professionell, aber locker und einfach.

Das ist nämlich oft der zweite Grund, warum der Artikel langweilig ist: Nicht weil das Thema keinen Schüler interessiert, sondern weil der Artikel nichts zum Schmunzeln hat. Trocken. Nichts dahinter, obwohl das vielleicht ein interessantes Thema ist: »Die neuen Jugendreligionen sind ein neues gesellschaftliches Phänomen«. Warum nicht: »Guru David und die Liebesblättchen« oder »Ich hau ab – Traumwelt Jugendsekte«?

Wie schreibe ich einen Artikel, der gelesen wird?

Erstens: Ich überlege mir ein Thema, zu dem ich was weiß oder zu dem ich Informationen besorgen kann. *Dann:* Ich sichte mein Material und überlege, was die Leute interessiert und was ich mit dem Artikel erreichen will (informieren, gewinnen, empören, mobilisieren . . .). *Weiter:* Ich überlege, was ich schreiben will, ob eine Nachricht oder eine Reportage, eine Glosse oder einen Bericht. Und *viertens:* Ich schreibe, und zwar möglichst einfach und persönlich. Kurze Sätze. Ich achte auf Übersichtlichkeit und Absätze, formuliere aktiv und verstehe natürlich selber, was ich da fabriziere. *Fünftens:* Ich lasse meinen Artikel von jemandem gegenlesen, der was vom Schreiben versteht. Keiner ist so gut, daß er sich nicht noch verbessern könnte.

Inzwischen habe ich also meinen Artikel geschrieben und tauche bei der nächsten Redaktionssitzung der »Penne« auf. Ich sage: »Hallo, hier bin ich. Ihr habt mich gesucht, und ich streite mit, und hier ist die nächste Titelstory.« Ich werde rot und blaß, je nachdem, und mache eine Entdekkung, nämlich: die wollen meinen Artikel nicht, tun überhaupt so komisch, und Peter meint, so ein Artikel paßt nicht, und der Stil ist falsch. Peng. So sieht's aus. Man muß sich hochdienen.

Natürlich kann es sein, daß man gleich schreiben kann, was man will, und alle sich freuen. Meistens muß man erst mal mitarbeiten. Redaktionssitzungen. Zeitungen zusammenlegen. Mitreden und erklären, warum gerade dieser Artikel so wichtig ist, daß er rein muß. Darum, die beste Garantie dafür, daß ein Artikel genommen wird, ist, daß der Artikel gut ist und daß man mitarbeitet und gute Kontakte hat. Keiner läßt sich gern das Zepter abnehmen.

Nachdem der Artikel nun doch drin ist und ich ein Penne-Redakteur oder -Mitstreiter bin, wird mir klar, daß ich ja in einem Schülerkreis drin bin. Und mir fällt auf, daß die Schülerzeitung ja die prima Möglichkeit bietet, fast allen Schülern und Lehrern der Schule von meinem Glauben an Jesus Christus weiterzusagen. Unfaßbar. Noch besser als die Flugblätter von neulich, denn die Schülerzeitung wird auch zu Hause gelesen, das Flugblatt erregt vielleicht den spöttischen Argwohn der Mitschüler.

Die Schülerzeitung – eine Möglichkeit, darüber zu schreiben, warum es sich lohnt zu leben. Zu erklären, warum für mich ein Leben mit Gott durch nichts zu ersetzen ist. Nicht trockenes Kirchenlatein. Man darf sich ruhig mal was überlegen (mit Zielgruppe und originell und so). Aber selbst wenn der Artikel gut ist, wird ein »frommer« Artikel nicht immer ohne weiteres abgedruckt. Darüber in der Redaktionssitzung zu diskutieren, »warum so ein Artikel nicht in die Schülerzeitung paßt« (oder eben doch) kann Anstoß zu guten Geprächen über den christlichen Glauben sein.

Aber auch, wer bei der Schülerzeitung nicht fest mitarbeitet und vielleicht keine Artikel schreiben kann, sollte die Redaktion immer ausreichend über Aktionen des Schülerkreises informieren. – Und überhaupt: Warum nicht mal überlegen, mit Mitarbeitern des Schülerkreises eine eigene Zeitung herauszugeben. Warum eigentlich nicht? Die anderen sind schließlich alle keine Profis, und wer wagt, gewinnt. Die Vorteile springen ins Auge: Die Schülerzeitung wird zu einer großen missionarischen Chance an der Schule.

Bernd Friedrich

Wer weitere Informationen haben möchte, kann sich mit B. F. in Verbindung setzen. Er hat mehrere Jahre eine Schülerzeitung herausgegeben und arbeitet z. Zt. als Praktikant bei e.r.f. junge welle, Postfach 1444. 6330 Wetzlar.

Die Kassette mit seiner Sendung zum Thema »Ein Redakteur hat es schwör« kann bei der SMD-Zentralstelle, Postfach 554, 3550 Marburg, ausgeliehen werden.

3.4 Gestaltung einer Wochenendfreizeit

Thema: »Nicht allein das ABC bringt den Menschen in die Höh . . .«
Lehrer Lämpel in Max und Moritz,
Wilhelm Busch

1. Grundsätzliches: Warum eine Wochenendfreizeit?

a) Frei von den Zwängen und der Hektik der Schule ist es möglich, die Wirklichkeit der Schule von Christus her zu verstehen und Handlungsmöglichkeiten für den Schülerkreis zu entwickeln.
b) Gemeinschaft mit/unter den Christen an einer Schule kann gesucht und erfahren werden (»Gemeinsam leben«).
c) Schüler, die nach dem Glauben fragen und suchen, können durch Zeit zum Nachdenken und gemeinsames Leben gefördert werden.

2. Ablauf einer Wochenendfreizeit für Mitschüler

Freitagabend:
Klärung der Erwartungen, Kennenlernen (Schüler verschiedener Klassen kennen sich kaum).

Dazu eignet sich folgendes Vorstellungsspiel: Jeder entnimmt einer Schüssel bunte Perlen und reiht sie auf eine Kette auf. Die Farbe einer Perle ist Symbol für einen bestimmten Lebensbereich, z.B. rot = Familie, gelb = Freunde, blau = Schule, weiß = Hobby, grün = Verein/Schülerkreis . . . Die Reihenfolge, in der die Perlen aufgefädelt werden, stellt eine Rangfolge und Gewichtung der Lebensbereiche dar. Jeder erzählt anhand seiner Kette, die er sich umgehängt hat, über sein Leben.

Abschließend kurze Andacht oder Bildmeditation.

Samstagmorgen: Bibelarbeit in Gruppen: Was Jesus wichtig ist

a) Bei Jesus kommt es nicht auf Leistung an: Luk. 18,9–14
b) Die Erfahrung des auferstandenen Jesus verwandelt Angst in Freude, Resignation in Hoffnung: Joh. 20,19–23
c) Wer ist mein Nächster – in der Schule? Das Gleichnis vom barmherzigen Samariter auf die Schule bezogen: Luk. 10,25–37

Gemeinsamer Abschluß – Auswertung der Gruppenarbeit.

Samstagnachmittag: Arbeitsgruppen zum Thema Schule z.B. zu folgenden Themen:

– Jedes Schulfach hat etwas mit Jesus Christus zu tun
– Wie können Schüler auf die Inhalte des Unterrichtes Einfluß nehmen (Religionsunterricht, Deutsch . . .)?
– Schwierigkeiten einer Klasse mit ihrem Lehrer. Was können da christliche Schüler tun?
– »Die Gemeinschaft der Christen an der Schule ist das Salz der Schule«
– Vorbereitung einer Veranstaltung für die Schule (Schulgottesdienst, Filmabend . . .)

Samstagabend: Kreativer Abend: Wir träumen den Traum von einer Schule, in der wir uns zu Hause fühlen – Schule alternativ. Szenen, Lieder, Gedichte, Geschichte, Bilder, Collagen, Reportagen, . . . einzeln oder in Gruppen vorzutragen.

Sonntag: Gottesdienst: Thema »Baum« (Ps. 1,3)
Es bietet sich an – nach einer Auslegung des Verses – über »Bäume« zu meditieren (Wurzel, Stamm, Verästelung, Frucht, zwischen Erde und Himmel, ausgestreckt zum Licht . . .)

Abschluß: Bau einer Klagemauer / einen Baum des Lobens pflanzen. Jeder beschriftet ein karminrotes Pappkartonstück mit einer persönlichen Klage bezüglich der Schule, wie er sie erfährt. Die Stücke werden zu einer Mauer zusammengesetzt.

Jeder beschriftet ein Stück grünes Papier, das bereits blattartig zugeschnitten ist, mit einem persönlichen Dank oder Lob zum Thema Schule. An einem vorbereiteten Baumstamm aus Papier werden die Blätter zu einer Baumkrone zusammengesetzt.

3. Organisatorisches

Vorbereitung möglichst in Zusammenarbeit mit einem Lehrer. Das erleichtert vieles.

Heim möglichst frühzeitig aussuchen. Am besten ist, wenn man selber kochen kann: niedrige Preise, läßt das Gemeinschaftserleben wachsen.

Bekanntmachung in der Schule: Plakate, Flugblätter. Am besten ist natürlich immer die persönliche Einladung. Hinweis in Schülerzeitung möglich.

Frühzeitige Verteilung der Aufgaben im Schülerkreis:
Wer ist für was zuständig?
Inhaltliche Gestaltung (Andacht, Bibelarbeit . . .)
Organisation (Anfahrt, Kostenabrechnung, Kontakt zum Heim . . .)
Küche (wer kocht, wer kauft ein . . .)
Werbung (Plakate . . .)

Merke: Die Durchführung einer Wochenendfreizeit ist nicht zuletzt für den Schülerkreis selbst eine Erfahrung, die Mut macht, den Schulalltag positiv zu verändern.

3.5 Mitarbeiten im Religionsunterricht

Im Religionsunterricht ist das Problem einerseits leichter als im Unterricht der anderen Fächer, weil fast alle Lehrer und Schüler einsehen, daß hier Information und Wertung zusammengehören. Es soll allerdings auch Religionslehrer geben, die ihren Unterricht »rein wissenschaftlich« abhalten und selbst keine Meinung haben (ein Beispiel S. 112). Andererseits ist die Aufgabe schwieriger, weil viele Lehrer und Schüler so stark von ihrem Standpunkt oder Bekenntnis her argumentieren, daß es zu Konflikten und zu gegenseitiger Ablehnung kommt. Das kann zuweilen so weit gehen, daß Schüler aus dem Religionsunterricht austreten. Ob das richtig ist, scheint uns fraglich, denn damit besteht ja auch keine Möglichkeit mehr, das Gespräch mit den Mitschülern weiterzuführen. Außerdem sollte man als Christ lernen, nicht einen Menschen abzulehnen, nur weil er eine Auffassung vertritt, die ich nicht teile. Übrigens sind viele Lehrer persönlich ansprechbar, auch wenn sie im Unterricht zugeknöpft und einseitig scheinen. Das gilt natürlich ebenso von den Schülern.

Hier ein Beispiel:

Der Religionslehrer behandelt das Thema Auferstehung anhand einiger Ostergeschichten des Neuen Testaments und gibt ausführlich historisch-kritische Informationen zu einzelnen Texten, z.B. zur Emmaus-Geschichte (Lk 24,13–35). Zwei Schüler melden sich: Sie hätten sich das nun eine Zeitlang mit angehört. Das hätte mit dem Thema Auferstehung nichts zu tun. Sie seien nicht bereit, sich das länger anzuhören. Über Auferstehung könne man nicht wissenschaftlich reden. »Sie machen uns den Glauben kaputt. Und das soll nun Religionsunterricht sein!« Der Lehrer begründet sein Vorgehen. Wenn man die Berichte nicht textkritisch vergleiche und untersuche, könne man auch nicht über Auferstehung sprechen. Das gehöre für ihn zum wissenschaftlichen Religionsunterricht auf der Oberstufe. Aber den beiden Schülern fehle es offenbar an der Denkfähigkeit, die er für die Oberstufe voraussetzen müsse. Im übrigen: Wer Angst vor dem Denken habe, mit dessen Glaube sei es nicht weit her.

In dieser Situation greift Manfred ein und sagt (an beide Seiten gewandt), so ginge das nicht. Meinungsverschiedenheiten dürften doch nicht dazu führen, daß man sich gegenseitig den Glauben abspreche. Ob es denn nicht möglich sei, diese Frage einmal gemeinsam zu untersuchen. Der Lehrer läßt sich darauf ein, und die Klasse sammelt Fragen, die in den nächsten Stunden behandelt werden sollen: Was muß ich über die Auferstehungsberichte wissen? Warum muß ich das wissen? Was heißt, an die Auferstehung Jesu glauben? Wie komme ich dazu? Verändert das Wissen meinen Glauben? Wie verhalten sich Glauben und Denken zueinander?

In der Arbeitsgruppe wurde folgendes Beispiel entwickelt:

Thema: »Wer ist Jesus Christus?«

Verschiedene *Einstiegsmöglichkeiten:*

a) Schüler machen eine Umfrage (zu Hause, bei Bekannten, auf der Straße):
»Wer war Ihrer Meinung nach Jesus?«
»Was halten Sie von Jesus?«
b) Umfrage in der Klasse durch vorbereitete Zettel, die jeder anonym ausfüllt.
c) Bildbetrachtung. Wie wird Jesus dargestellt? Was will der Maler damit zum Ausdruck bringen?
d) Was Menschen sich wünschen. Lebensziele feststellen. Von mehreren Wünschen/Zielen fünf ankreuzen lassen und einen Wunsch dazu schreiben, der noch nicht aufgeführt ist.
e) Herstellung einer Wandzeitung. Gemeinschaftsarbeit durch Zusammenstellen und Ausschneiden von Fotos aus Illustrierten zum vorgegebenen Thema

Auswertung und Analyse: Gespräch in der Klasse

Weiterführung:

Die Schüler suchen Beiträge aus weltlichen Quellen wie Lexika, Geschichtsbücher, Illustrierten zum Thema.

Zusammentragen der Informationen aus Geschichte, Erdkunde und Politik der Zeit Jesu.

Beiträge aus Presse und Literatur unserer Zeit. Vergleich von weltlichen und biblischen Texten.

Was sagt die Bibel über Jesus?

Was sagt Jesus über sich selbst?

Was berichten die Apostel?

Einige Bibelstellen zum Thema:

Markus 8,27–30; Joh. 8,58; Matth. 20,25–28; Matth. 11,27; Luk. 10,25–37; Matth. 26,63+28,18; Apg. 2,32+3,15; 2. Petr. 1,16; Joh. 1,14; 1. Joh. 1,1; 1. Kor. 15,3; Kol. 1,16; Hebr. 1,3.

3.6 Der christliche Beitrag im Fachunterricht

In der Arbeitsgruppe wurde über die Chance gesprochen, zu bestimmten Fragen aus der Sicht des christlichen Glaubens Stellung zu nehmen. Das ist keineswegs unsachlich, wie einige Lehrer und Schüler meinen. Über die meisten Themen gibt es nämlich keine objektive wissenschaftliche Ansicht, sondern nur verschiedene Auffassungen, mit denen man sich auseinandersetzen muß. Das ist z.B. im Geschichts-, Deutsch- und Religionsunterricht der Fall, im politisch-sozialkundlichen und im erziehungswissenschaftlichen Bereich, aber auch in anderen Fächern.

Hier zunächst ein paar allgemeine Gesichtspunkte:

- Im Unterricht und in der Unterrichtsplanung soll die Beteiligung und Mitarbeit von Schülern grundsätzlich berücksichtigt werden. Das wird z.B. in den Lernzielen für die Oberstufe gefordert.
- Unterricht in der Oberstufe ist in weiten Strecken Gespräch zwischen Lehrer – Schüler – Schüler anhand eines Textes, eines Ereignisses oder über ein Thema. Damit ist die Möglichkeit des Meinungsaustausches gegeben. Daß christliche Beiträge so selten sind, liegt meist nicht am Thema, sondern an der Ängstlichkeit der Lehrer und der Schüler, sich als Christen zu äußern.
- Wichtig erscheint uns, daß zwischen Information und Bewertung bzw. persönlicher Stellungnahme unterschieden wird. Die Information zu einem Thema ist stärker sachgebunden, die Wertung stärker persongebunden. Beide Aspekte sind sachlich berechtigt und pädagogisch notwendig. Das heißt aber nicht, daß allein die Wertung des Lehrers maßgebend ist. In vielen Fragen gibt es gar keine endgültige oder allein richtige Auffassung, da muß die Entscheidung offenbleiben.

Wenn man vom christlichen Beitrag zum Unterricht spricht, muß man Verhalten und inhaltliche Beiträge unterscheiden. Die Beispiele stammen von Oskar Kalisch.

1. Beispiel

Ein Junge, dessen Vater kürzlich gestorben ist, sitzt »schlafmützig und unbeteiligt herum«. So der Eindruck des Fachlehrers (der vom Tod des Vaters nichts wußte). Er fordert den Jungen wiederholt zur Mitarbeit auf und tadelt ihn wegen seiner Gleichgültigkeit. In dieser Situation steht sein Freund auf und weist den Lehrer sachlich und ruhig darauf hin, daß der Vater gestorben ist. Dem Lehrer wird bewußt, daß er ohne Absicht ungerecht geurteilt hat. Er entschuldigt sich bei dem Jungen vor der ganzen Klasse.

Das Verhalten des Freundes macht es dem Lehrer möglich, sich zu entschuldigen; das Verhalten des Lehrers erleichtert es dem Jungen (und der Klasse), dem Lehrer weiterhin offen zu begegnen und zu vertrauen.

Es hätte sehr leicht ganz anders kommen können. Damit wären die menschlichen Beziehungen belastet und der Unterricht wesentlich erschwert worden.

2. Beispiel

Ein Kollege berichtete mir aus seinem Unterricht über Büchners Woyzeck. Ein Schüler hatte sich zu dem Woyzeck-Satz: »Jeder Mensch ist ein Abgrund. Es schwindelt einem, wenn man hinabsieht« geäußert und damit spontan ein heftiges Gespräch entzündet, weil dazu ganz unterschiedliche Auffassungen geäußert wurden. Der Lehrer war selbst auf die Dynamik dieses Satzes gar nicht aufmerksam geworden. Das Gespräch mußte sogar in der folgenden Stunde weitergeführt werden und hat die Arbeit an diesem Stück sehr befruchtet.

Ich selber bin seitdem bei meiner Unterrichtsvorbereitung öfter von diesem Satz ausgegangen. Er liefert einen Schlüssel zu dem Woyzeckfragment und gewährt gleichzeitig einen Einblick in recht verschiedene Auffassungen vom Menschen. Lehrer und Schüler können am Woyzeck und am Menschenbild Büchners die Unterschiede einer nihilistischen, humanistischen oder christlich-biblischen Auffassung diskutieren. Im Für und Wider geht es nicht darum, daß einer recht behält, »Woyzeck« bietet vielmehr einen guten und sachlich begründeten Anlaß, unterschiedliche Interpretationen herauszustellen und auf die Gegenwart zu beziehen.

3. Beispiel

Die Ringparabel aus Lessings »Nathan der Weise« wird oft herausgelöst und unabhängig vom Gesamtwerk im Unterricht behandelt, um über »Toleranz« zu sprechen. Sehr leicht wird Lessings Parabel so benutzt, um einen farblosen Pluralismus der Meinungen als Toleranz zu definieren. Ich kann jedoch über Toleranz nicht reden, ohne nachdrücklich auf die Frage nach der Wahrheit in den einzelnen Meinungen zu verweisen. Lessing wollte die Wahrheitsfrage nicht ausschließen, sondern die engstirnige Intoleranz überwinden. Hier kommt es sehr darauf an, wie ich als Lehrer die Unterrichtsmaterialien aufarbeite. Aber in dieser Frage ist auch jeder geistig rege Schüler in der Lage, durch die Art seiner Beiträge mitzubestimmen, ob ein Begriff, der unser Zusammenleben entscheidend mitbestimmt, in seiner Tiefe ausgelotet und zu einem brauchbaren Werkzeug wird oder stumpf und bedeutungslos bleibt. Es gibt eine sachliche Notwendigkeit, nach Wahrheit und Wahrhaftigkeit zu fragen, wenn wir über Toleranz reden. Darin liegt auch eine Chance für christliche Lehrer und Schüler, ihre eigene Position sachgemäß und sachbezogen einzubringen.

Noch ein Literatur-Tip: Gunter Böhl, Die Welt begreifen. Texte für denkbereite Christen, Kreuz-Verlag, Stuttgart, 3.Aufl. 1972.

3.7 *Füreinander dasein – in der Schule*

Bevor man nach Möglichkeiten sucht, wie man Lehrern und Schülern in ihren Problemen helfen kann, braucht man geöffnete Augen, die Nöte überhaupt zu sehen. Oft ist es ganz anders. Da werden Nöte und Unsicherheiten von anderen – wenn auch unbewußt – zum eigenen Vorteil ausgenutzt oder diesen Menschen als Schwächen ausgelegt. Da ist es wichtig, den anderen als geliebtes Geschöpf Gottes zu sehen, um so zu einem hilfreichen Umgang miteinander zu kommen (vgl. die Ausführungen in dem Beitrag »Christsein in der Schule heute, S. 9ff.).

Da ist z.B. die Unsicherheit eines jungen Lehrers, der neu an die Schule gekommen und mit den Räumlichkeiten und Spielregeln der Schule noch nicht vertraut ist. Wer führt ihn ein? Diese Aufgabe fällt vorrangig jemandem aus dem Lehrerkollegium zu – kann das Konkurrenzdenken hier überwunden werden? Schüler können einen solchen Lehrer mal in ihren Schülerkreis einladen, wenn ein solcher besteht, oder zu einem privaten Klassentreffen.

Die Schulklasse erwartet, daß der Lehrer sich behaupten kann, konsequent und zielstrebig ist, denn zeigt er Schwäche, wird er nicht mehr ernstgenommen. Um ihre Unsicherheiten zu überspielen, um sich behaupten zu können bei allen Schwierigkeiten, sehen viele Lehrer als einzigen Ausweg ein hartes, autoritäres Auftreten. Das haben die Schüler durch ihr Verhalten zwar z.T. selbst verursacht, sehen aber die Schuld wiederum nur bei dem Lehrer, was die Atmosphäre noch weiter verhärtet.

Erwartungen an den Lehrer sollten deshalb nicht als einseitige Forderungen gestellt werden, sondern als gemeinsames Ziel für den Unterricht auch von den Schülern her ermöglicht werden. Was können Schüler dazu beitragen, daß der Lehrer nicht ständig einer (feindlichen) Front gegenübersteht? Dazu ist sicher wichtig, daß man ihn als Menschen, als Person behandelt – so wie man auch von dem Lehrer behandelt und ernstgenommen werden will. Vielleicht kann ein offenes Gespräch – zunächst unter den Schülern – da helfen, in dem man sich darüber klar wird, was man eigentlich von dem Unterricht und dem Lehrer will, und dann, was man als Schüler zur Verwirklichung beitragen kann. Jede Situation wird da anders sein. Manchmal muß man auch den Mut zur Kritik haben; sachlich vorgetragen, mit Vorschlägen zur Verbesserung verbunden, wird das von vielen gern angenommen.

Oft findet ein Lehrer nur schwer Zugang zu Schülern, die zu Hause Probleme haben. Ein Angebot zum Gespräch, eine Sprechstunde für Schüler (privat) wird u.U. dankbar genutzt, kann aber gerade bei neuen oder unsicher wirkenden Lehrern als Anbiedern und Einschmeicheln aufgefaßt werden. Dafür muß jeder Lehrer ein eigenes Gespür bekommen und selbst seine Grenzen erkennen.

Die reformierte Oberstufe bringt durch die wachsende Anonymität viele Probleme für den einzelnen, besonders den Schüchternen, der schwer Anschluß findet. Der ständige Wechsel der Mitschüler ist eine große Belastung. Wichtig ist eine persönliche Kennenlernphase am Schuljahresanfang und Kurstreffen außerhalb der Schule.

Eine ganz besondere Möglichkeit der Hilfestellung ist der Nachhilfeunterricht: Er leistet nicht nur Fachtraining, sondern gibt darüber hinaus eine persönliche Begleitung. Das ist sehr wichtig, denn Schulprobleme beruhen oft nicht auf intellektuellen Schwierigkeiten, sondern auf Problemen im persönlichen Bereich.

Wichtig bei allem ist die Frage: Was kann *ich* tun – ganz konkret – in der Situation (Schule/Klasse), in der ich mich befinde?

Nicht immer sind Aktionen erforderlich. Oft schon reicht eine Geste, ein Blick, eine hilfreiche Bemerkung. Vielleicht ist es das Wort eines Schülers nach der Stunde an den Lehrer oder des Lehrers an einen Schüler: »Nehmen Sie doch die Auseinandersetzung in der Stunde bitte nicht so ernst!« Ganz schlicht und einfach sind oft die Hilfen, die gegenseitiges Verstehen bewirken. Man muß nur daran denken.

Vor allen Taten steht die Fürbitte, besonders für die Außenstehenden, für solche, die ein schlechtes Zeugnis erwarten, und auch für diejenigen, die einsam sind, weil sie besser als die anderen abschneiden.

Jesus Christus kann Situationen verändern, neue Hoffnung schenken und echt dankbar machen, wo sonst über die eigentlichen Probleme sehr oberflächlich hinweggegangen wird.

3.8 Poster – Plakate – Handzettel

In der Arbeitsgruppe fanden sich Lehrer und Schüler, die von der Notwendigkeit qualifizierter Werbung überzeugt waren, hier aber ganz gezielt Hilfen für das »Gesicht« eines Schülerkreises suchten, besonders nach außen.

Da man in 2 Stunden diese Aufgabe nur sehr oberflächlich anreißen kann, wünschten sich die Teilnehmer nach der Gesprächsrunde eine Wochenendfreizeit zu diesem Thema.

Anhand von Plakaten und Handzetteln aus verschiedenen Schülergruppen wurden außer über die technischen Möglichkeiten und wie man sich die nötigen Fertigkeiten erwirbt, folgende Punkte besprochen:

Das gute werbewirksame Plakat ist ein Informationsträger

1. dessen *Aussage*
   - den Betrachter motivieren soll, sich für das Angebot zu interessieren (neugierig machen);
   - schnell und leicht erfaßbar sein muß (im flüchtigen Vorbeigehen);
   - übersichtlich und knapp in Bild und Text sein muß;
   - auffallen, herausragen muß, was Farbe, Gestaltung und Schlagzeile betrifft, ohne an Eindeutigkeit zu verlieren;
2. dessen *Form* und *Inhalt* sich entsprechen müssen (mit Sex-Symbolen kann man nicht für einen Gottesdienst werben, aber Humor ist gefragt);
3. für dessen *Qualität* formal wie inhaltlich das (für uns als Laien) höchst Mögliche gefordert werden muß, da durch das Erscheinungsbild der Werbung (bewußt oder unbewußt) positive wie negative Vorurteile geweckt werden.

Wichtig sind Ideen und Anregungen, die man nur bekommt, wenn man aufmerksam beobachtet und sieht, was andere versucht haben (Litfaß-Säulen, Zeitschriften-Werbung, Karikaturen, religiöse Poster und Postkarten).

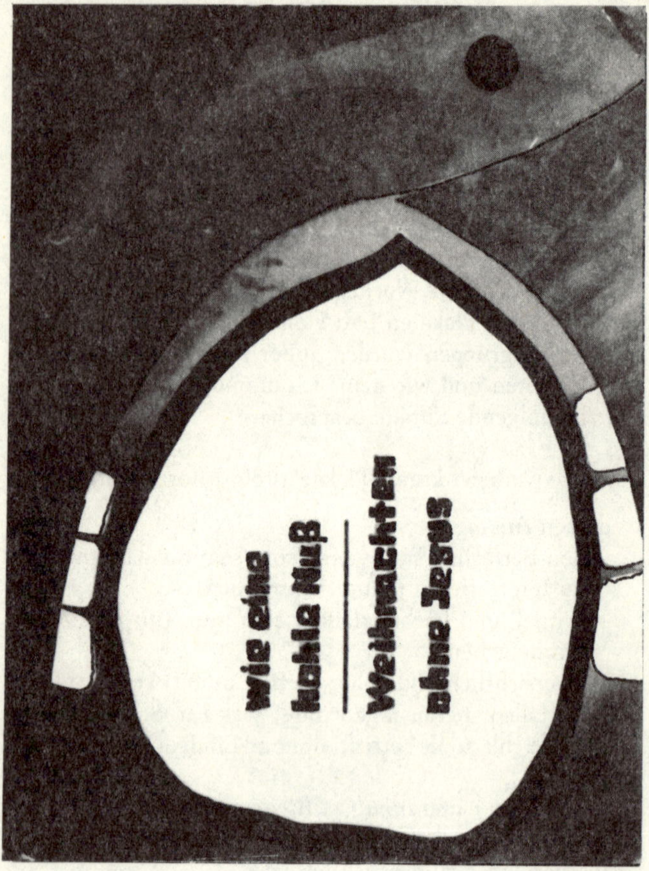
wie eine
hohle Nuß
Weihnachten
ohne Jesus

Wie wär's einmal mit einem Wettbewerb im Kunstunterricht!? Oder über die Schülerzeitung mit einem Preis, den der Schülerkreis oder der regionale Arbeitskreis ausschreibt?

3.9 Schülergebetskreis

»Im Schülergebetskreis bin ich mit Leuten zusammen, die versuchen, mich zu verstehen. Wir können gemeinsam im Gebet Kontakt mit Gott aufnehmen und ihm unsere Probleme darlegen. In diesem Kreis finde ich Ruhe von der Hektik des Schulalltags. Der Schülergebetskreis ist für mich zu einer Quelle neuer Kraft geworden, die ich in meinem ›Schulleben‹ nicht mehr missen möchte«, schreibt Matthias (Jahrgangsstufe 12) auf die Frage, was ihm der Schülergebetskreis bedeutet.

Im Schülergebetskreis werden unsere Sorgen, Nöte, Ängste und unsere guten Erlebnisse vor Gott gebracht. Wir entdecken die Wirklichkeit, daß unser Herr im Gebet bei uns ist und uns ermuntert, zu danken, zu bitten und an die vielen um uns herum in der Schule in der Fürbitte zu denken.

Das Gebet des einzelnen wird mit dem gemeinsamen Amen von allen getragen. Das gemeinsame Gebet, das betend gesungene Lied oder die gemeinsame Stille, das Hören auf Gottes Wort schenken dem einzelnen wiederum Kraft, auch außerhalb des vertrauten Kreises Gott zu bekennen und die Botschaft Jesu weiterzusagen – nicht nur mit Worten.

Im Gebetskreis kommt es nicht so sehr auf Aktivitäten an, sondern wir sind zunächst einmal eine Gruppe betender Christen. Das Wichtigste ist uns das Gebet. Seine Wirkung ist allein von der Güte und Gnade unseres gemeinsamen Herrn abhängig. Hier erkennen wir schon, daß der Gebetskreis kein Ersatz für die Gemeinde werden kann. Die Teilnahme an einem Gebetskreis ist eine Tätigkeit unter anderen – zugegeben eine wichtige.

Dabei schadet es aber nichts, wenn der Gebetskreis aus seiner Verborgenheit heraustritt und für die Schule und für Schülergruppen etwas tut oder anregt.

Hierzu muß man sich in der Schule nach Lücken und Aufgaben umsehen: beim Schulgottesdienst anregen, mitwirken oder gestalten; eine Veranstaltung gemeinsam besuchen, einen Gemeindeabend, einen Film oder ein Theaterstück; eine Jahrgangsstufe zu einem aktuellen Thema einladen; einen Elterntreff oder ein Gespräch mit Lehrern anregen.

Nur, der Gebetskreis sollte sich nicht in erster Linie als Organisationsgruppe für christliche Veranstaltungen in der Schule verstehen.

Vielleicht sagst du nun, das hört sich alles gut an; aber an meiner Schule ist dies unmöglich. Ich bin dort der einzige Christ, und ich finde keinen an unserer Schule, der sich zu Christus bekennt.

Sei da nicht so sicher! Wage einmal, deinen Mitschüler auf seinen Glauben anzusprechen, oder noch besser, von deinem Glauben zu reden. Auf Klassenfahrten oder nach einer Unterrichtsstunde, bei der ihr auf wichtige Fragen gestoßen seid, ergeben sich Gelegenheiten, darüber zu sprechen, wovon und wofür wir leben und was uns bewegt.

So können sich zwei oder drei finden, die sich zu einem Pausengebet treffen, und sie werden erfahren, daß Jesus sein Versprechen hält (Mt. 18,19f.). Die große Zahl macht es nicht. Durch persönliches Ansprechen und Einladen kann dieser Kreis wachsen. Aufrufe, Plakataktionen sind für den allerersten Anfang meist nicht so gut geeignet. Solche Mittel kann man einsetzen, wenn der Kreis schon besteht.

Der Schulleiter wird sicher einen Raum für die Pausengebete zur Verfügung stellen; die Schülerselbstverwaltung oder ein Lehrer können hier, wenn nötig, vermitteln.

Viel schwieriger scheint die Frage, ob man denn zu so festgelegten Pausenzeiten eigentlich richtig beten könne. Muß man dazu nicht in einer bestimmten Verfassung sein? Wir meinen: Nein! Beten und besonders Für-andere-Beten ist eine Arbeit, die Gott uns aufgetragen hat. Diese Aufgabe wollen wir übernehmen, auch wenn wir uns nicht danach fühlen. Es geht um Gott, unsere Schule mit ihren Mitschülern und Lehrern – und unsere Treue.

Daher ist es wichtig,

- daß ihr regelmäßig betet;
- daß ihr die Gebetsanliegen vorher untereinander verteilt, so daß jeder etwas weiß, wofür er beten kann. Der erste Beter soll nicht alles ansprechen, dann bleibt den anderen nichts mehr;
- daß ihr euch im Gebet nicht gegenseitig anpredigt;
- daß ihr lange Sätze vermeidet. Hier müssen sich die im Beten Geübten zurückhalten und den Schüchternen und Anfängern Raum und Zeit lassen;
- daß Pausen während der Gebetsgemeinschaft nicht peinlich sein müssen, weil jeder in der Stille mit Gott sprechen kann;
- daß ihr einen Rahmen für die Gebetsgemeinschaft absteckt. Einer ist da, der das gemeinsame Gebet beginnt und endet;
- daß ihr euch auf eine Zusage (= Verheißung) Gottes aus der Bibel stützt und Gott in eurem gemeinsamen Gebet daran erinnert;
- daß ihr nicht kurzfristig aufgebt, für ein konkretes Anliegen zu beten;
- daß ihr konkrete Anliegen vor Gott bringt, so wird Gott auch konkret antworten;
- daß ihr eine Ordnung für den Ablauf eurer Gebetsgemeinschaft habt (z. B. Beginn mit Bekenntnis der Schuld, dann Dank, Lob, Fürbitte).

Manchmal hilft eine Form des gemeinsamen Gebetes, die so aussieht: Einer beginnt damit, daß er betet: »Wir danken, Herr, für . . .« und der nächste sich anschließt, indem er nur das Anliegen sagt . . . »und für . . .« und so fort. Und in einem zweiten Teil dann »Wir bitten, Herr, für . . .«. So können viele ihr Anliegen nennen und müssen keine langen Sätze dazu sprechen, wenn sie das noch nicht können oder wollen.

Bei allem Beten wollen wir uns darüber freuen, daß Gott uns zusagt: »So kommt auch der Geist unserer Schwachheit zu Hilfe. Denn wir wissen nicht, was wir beten sollen, wie sich's gebührt; aber der Geist selbst tritt für uns ein mit unaussprechlichen Seufzern« (Röm. 8,26). Das soll uns Mut machen, fröhlich weiterzubeten.

Und probiert doch einmal, wie Menschen der Bibel gebetet haben: (z.B.: 1. Mose 18,16–33; 2. Chron. 20; Psalmen; Apg. 4,2–31; Apg. 12,1–19)!

Wilfried Ahrens/HerbertOchel

3.10 Eltern infomieren und beteiligen

»Ich finde das komisch. In unserem Schülerkreis kann ich mich frei äußern, in der Klasse weiß jeder, wo ich stehe, aber zu Hause kriege ich kaum den Mund auf.« Diese Erfahrung macht nicht nur Ulrike, vielen geht es genauso. Wie kommt das eigentlich?

Wir haben darüber nachgedacht und glauben, daß das mit der Übergangssituation zusammenhängt, in der junge Menschen zwischen 14 und 18 zu ihren Eltern stehen. Je klarer einer das sieht, umso eher kann er sich darauf einstellen.

Schon mit 12/13 Jahren beginnt die innere Ablösung von den Eltern, deren Ziel es ist, selbständig zu werden und sein Leben selbst zu verantworten. Die Übergangsphase ist durch Unsicherheit, Hin- und Herpendeln: mal übertriebene Ablehnung, mal übertriebene Anhänglichkeit gekennzeichnet. Wenn die Eltern ihre Kinder in diesen Jahren nicht innerlich freigeben und dennoch für sie da sind, wenn sie gebraucht werden, verschärfen sich die Reibungen und Konflikte. Selbständigkeit den Eltern gegenüber gewinnt mancher, indem er Anlehnung und Orientierung bei anderen sucht: bei Lehrern, älteren Freunden/innen, Gleichaltrigen. Hier wird man akzeptiert, wie man ist (bzw. sein möchte), zu Hause muß man sich ständig wehren, nicht in der Rolle des Kindes zu bleiben. Hinzu kommt, daß viele Lehrer und Schüler die Eltern in Sachen Schule im Grunde für inkompetent halten. »Es hat keinen Zweck. Davon versteht Ihr doch nichts. Das ist heute völlig anders als früher.« Und dabei könnte die Unterstützung der Eltern in vielen Punkten hilfreich sein: in Verhandlungen mit der Schule, in der Entwicklung von Ideen für ein gemeinsames Leben als Christen, im Kontakt zur Gemeinde, in allen außerschulischen Aktivitäten – allein aufgrund der größeren Unabhängigkeit, der Lebenserfahrung, der vielfältigen Beziehungen und (nicht zuletzt) der finanziellen Möglichkeiten der Eltern.

Wenn Informationen und Gespräche gemeinsam vom SK, womöglich mit Unterstützung der hauptamtlichen Reisesekretärin oder einer Lehrkraft, eingefädelt werden, ist das auch viel leichter als allein auf sich gestellt. Und nachher sind alle froh darüber. So entstand auch die Initiative zu einem Elternnachmittag, über die Manfred Vonier berichtet (Schüler fragen nach Jesus, S. 95ff.):

Liebe Eltern, Ehemalige und Freunde!

Nun sind es beinahe schon fünf Jahre her, daß in Calw eine Christliche Schülergruppe ins Leben gerufen wurde. Seitdem treffen sich jede Woche etwa 20 Schüler in einem eigenen Gruppenraum, erleben gutes Miteinander auf Freizeiten und treten mit Offenen Abenden an die Öffentlichkeit. Nur der Kontakt zu den Eltern und darüber hinaus zu den erwachsenen Freunden kam bis jetzt zu kurz.

Diesem Mißstand abzuhelfen, veranstalten wir zum ersten Mal am Sonntag, dem 11. Februar, um 14.30 Uhr einen Elternnachmittag. Dazu sind Sie ganz herzlich eingeladen. Das Programm sieht etwa so aus:

1. Musikstück
2. Begrüßung
3. Lied der Gruppe
4. Fünf Jahre CSG Calw: Berichte und Erfahrungen
5. Lied der Gruppe
6. Spiel: »Die silbernen Leuchter« nach Victor Hugo
7. Gemeinsames Lied
8. Ansprache
9. Lied der Gruppe
10. Kaffee und gemütliches Zusammensein

Nochmals: Wir würden uns sehr freuen, Sie kennenzulernen.

Ihre CSG Calw — Manfred Vonier

Und die Eltern kamen . . . Von Anfang an herrschte eine gelöste Atmosphäre. »Wir haben bewußt nicht auf perfekt getrimmt. Vielleicht werden Pannen passieren. Es darf gelacht werden. Das soll ein Familientreffen sein. Wir wollen uns gegenseitig Freude machen«, hieß es in der Begrüßungsansprache.

Manchem Kirchenchristen sind wir zu fromm und zu verbindlich, manchem Pietisten zu frei, zu intellektuell, zu wenig kämpferisch. Bürgerlichen sind wir zu unsolide, zu dynamisch, Progressiven zu konservativ, zu wenig sozial engagiert . . .

Es war ein gelungener Nachmittag. Die Eltern freuten sich, fühlten sich wohl und faßten Vertrauen zu unserer Arbeit. Manches Vorurteil wurde abgebaut, manche Unterstützung zugesagt.

Außer diesem Beispiel noch ein paar Anregungen!

Geeignete Themen: alles, was Eltern und Schüler gemeinsam angeht, worüber aber zu Hause selten gesprochen wird, z.B. Erziehungsfragen, Erfahrungen aus dem Schulleben, Bericht über die Arbeit des Schülerkreises, theologische Themen.

Zur Arbeitsform: Anders als in dem Beispiel von Vonier, sollten die Eltern während der Veranstaltung so früh wie möglich einbezogen und beteiligt werden. Als Einstieg in das Gespräch sind Kurzreferate, Anspiele oder Filme geeignet, aber auch Vorkommnisse und Konflikte aus dem Schulbereich. Die Eltern sollten nicht mit ihren eigenen Kindern zusammensitzen, sondern gerade auch mit anderen Jugendlichen ins Gespräch kommen.

Wichtig: gemeinsames Essen! Mitbringen verabreden!

Nicht perfekt vorbereiten, sondern der Improvisation Raum lassen!

Weitere Verabredungen: Wenn der Kontakt zu den Eltern in Gang kommt und Vertrauen wächst, können auch einzelne Eltern einmal zu den Veranstaltungen des SK eingeladen werden; z.B. Schüler- oder Schulgottesdienst, Wochenende, Spaziergang oder Wanderung am Samstag, gemeinsame Bibelarbeit in den Häusern.

3.11 Andacht in der Schule

Neuerdings gibt es auch an unserer Schule eine Andachtsgruppe.

Wie es dazu kam?

Eigentlich hatten wir schon lange die Idee, uns während der Schulzeit zu treffen. Es gab an unserer Schule so wenig Möglichkeiten, in den Pausen einmal zur Ruhe zu kommen und »abzuschalten«. Schließlich fragten wir unseren Direktor und erhielten die Erlaubnis: Wir durften dreimal wöchentlich die große Pause als unsere Andachtspause benutzen. Wir bekamen auch einen kleinen Raum zugeteilt, wo wir in aller Ruhe auf Gottes Wort hören und beten konnten. Für uns war das eine ganz neue Erfahrung, uns so offen vor unseren Mitschülern zu Christus zu bekennen. Doch Gott gab uns den Mut dazu.

Heute weichen wir auf den Flur aus, weil der Raum zu eng geworden ist. Wir hoffen und beten, daß Gott auch weiterhin unser Tun und Denken lenkt.

Westerstede, März 1981 Eure Marion Schliwa

Um solchen Gruppen Anregung und Ermutigung zu geben, hat Renate Birschel einiges zum Thema Andacht notiert:

»Die Andacht hat ihre sammelnde Kraft von ihrer Einfachheit und Eindeutigkeit, von ihrer Knappheit und geistigen Disziplin her. Und sie hat ihren Sinn und ihren Auftrag im Leben des Kreises eben darin, daß sie die Gedanken und Sinne vom Vielerlei des Tages wegführt und auf das eine hin sammelt: die Anrede durch Gott und die Antwort an Gott.« (Jörg Zink)

1. Ziel der Andacht

- sich der Anrede durch Gott aussetzen und ihm antworten
- *ein* Gedanke soll (durch diesen Tag) begleiten
- *eine* Schlagzeile soll zum Weiterdenken anregen

2. *Vorüberlegungen*

Welcher Teilnehmerkreis? Welche Situation? Welche Lieder? Bestimmtes Gebet?	Danach richten sich Inhalt und Gestaltung

3. *Grundformen*

a) Kurzandacht: Lied – Bibelwort – (kurze Stille) – Gebet – Lied;
b) Liturgische Andacht: ohne Auslegung, aber reicher ausgestaltet als a), z.B. mit Wechselgebet (Psalm);
c) Andacht mit Wortverkündigung im Mittelpunkt;
d) Kombination von b) und c);
e) Thematische Andacht: z.B. Brot für die Welt, Was Menschen mit Gott erlebten, Werbeslogans (mit Lenor ein gutes Gewissen);
f) Meditation eines Bildes, Liedes oder Textes.

4. *Die einzelnen Stücke der Andacht*

a) Lieder
Auswahl der Lieder ist wichtig (auch wenn's keiner merkt), zu Beginn ein einstimmendes Lied (z.B. Morgenlied), nach der Textauslegung eins, das den Zielgedanken aufnimmt oder eine Antwort gibt; viele Lieder sind Gebete und können als solche gesungen oder gesprochen werden (vorher darauf hinweisen!).

b) Gebete
frei oder gebunden, Gebetsgemeinschaft?
gebundenes Gebet: man kreist nicht nur um die eigenen Anliegen im immer gleichen Wortschatz;
Gefahr: einfach abzulesen, statt mitzubeten;
freies Gebet: man kann direkt auf Hörer und Text eingehen, Lob und Dank wird aber leicht vergessen.

c) Liturgische Andacht/liturgischer Rahmen

Es gibt erprobte Vorlagen verschiedener Gemeinschaften, die man wörtlich oder in Abänderung benutzen kann. Eigene Zusammenstellungen sind oft lebendiger. Nach längerem Gebrauch sollte man die Ordnung wechseln, damit keine Abnutzung durch zu große Gewöhnung geschieht.

d) Text und Auslegung

Textwahl: auf die Situation der Zuhörer eingehen / auf einen aktuellen Anlaß bezogen / ein Wort, das für mich selbst gerade wichtig ist / eine vorgegebene Ordnung (z.B. Losungen). Bei der Auslegung geht es *nicht* um Vollständigkeit! Wie bei einer Schlagzeile soll *ein* Gedanke die Aufmerksamkeit auf sich ziehen und sofort verstanden werden. Dieser Gedanke kann ruhig geklaut sein (Buch, Gottesdienst, Radioandacht). Man sollte ihn höchstens durch *ein* gutes Bild oder *eine* gute Geschichte entfalten. Dabei kann man durch eine Geschichte zum Text hinführen oder von dem Wort ausgehen.

Vermeiden: das Wörtchen *man* (»man hat Angst«); allgemeine Aussagen (»es ist alles Gnade«); vereinnahmendes *Wir* (»wir alle fürchten den Tod«).

Zur eigenen Vorbereitung: sie muß umfassender sein als das, was man bringt; dazu gehört das genaue Lesen des Textes und des Kontextes (der Zusammenhang, in den der Text eingebettet ist) und wichtiger Parallelstellen, wenn möglich im Vergleich verschiedener Übersetzungen.

Mögliche Fragen: Hauptaussage des Textes? Gibt es eine Schlüsselsituation / ein Schlüsselwort? Wer redet oder handelt mit wem? Was war dem Verfasser wichtig? Was erfahren wir über Gott/Christus, über uns selbst? Anregungen/Anlässe zum Nachdenken, zum Danken, zur Fürbitte, zum Tun?

Nach dem »Gespräch mit dem Text« das »Gespräch mit den anderen«: Zu wem rede ich? Was will ich weitergeben – gerade an diese Gruppe?

Für eine Pausenandacht eignet sich: eine Verheißung / ein Gebot / ein Ich-bin-Wort Jesu / ein kurzes Gleichnis / eine Seligpreisung.

e) Meditation
   Bild, Lied oder Text muß jedem vorliegen bzw. von allen gut gesehen werden können. Zeit lassen zum genauen Betrachten.

Die Andacht ersetzt nicht die persönliche Stille Zeit, auch nicht Bibelarbeit und Austausch in der Gruppe. Sie sollte auch keine Alibifunktion haben oder an ein Zusammensein nur angehängt werden.

3.12 Offener Abend / Offener Nachmittagstreff

Wir denken dabei an Veranstaltungen in Verantwortung des Schülerkreises, ggf. unter Mitarbeit des Beraters oder von Referenten.

Ziele

- in Ruhe zwei Stunden miteinander reden können;
- der SK kann seine Arbeit und seine Anliegen vorstellen;
- ein aktuelles Thema kann vertieft oder neu eingebracht werden;
- von Fall zu Fall können Kontakte zu Lehrern und Eltern der Schule, zu Mitgliedern des regionalen Arbeitskreises, zur örtlichen Gemeinde oder zu anderen Schüler- und Jugendgruppen geknüpft werden.

Ort

- ein gemütlich eingerichteter Gruppenraum in der Schule;
- ein geeigneter Raum in anderen Einrichtungen, z.B. im Gemeindehaus, im Jugendzentrum, in einer Bildungsstätte;
- bei Eltern, Lehrern, Pfarrern oder Mitarbeitern, die ihr Haus dafür öffnen.

Themen

- aus dem Bereich der Schule, z.B.:
  »Wir fordern Telefonseelsorge für Schüler« / »Drogenprobleme an der Schule«/»Duzen zwischen Lehrer und Schülern – ja oder nein?«/»Die Schulandacht«/»Gottesdienst ist reformbedürftig – wer macht mit?«/»Warum ist der RU bei uns nicht attraktiver?«/»Muß ein Religionslehrer Christ sein?«

– aus dem Bereich Öffentlichkeit, z.B.:
  »Bericht vom Kirchentag – Vorbereitung auf den Kirchentag«/»Christen für den Frieden – was können wir tun?«/»Christen und Kirchen in anderen Ländern (z.B. DDR, Afrika, Südamerika)«, möglichst aus eigener Erfahrung/»›Neuer Lebensstil‹ – was ist das?«/»Christlicher Glaube und politische Verantwortung – ein Bericht aus Polen«.
– missionarische Themen, z.B.:
  »Warum kann ich nicht mehr beten?«/»Warum wir Christen sind – der SK stellt sich vor«/»Warum läßt Gott das Böse zu? Wie kann man gegen das Böse ankämpfen?«/»Glauben – wie macht man das?«/»Christsein im Beruf – Eltern berichten«/»Neue christliche Lieder – mit Beispielen. Herr N.N. (Musiklehrer, Liedermacher, Jugendreferent) gibt eine Einführung«.

Arbeitsformen

Man sollte Arbeitsformen wählen, die den Anreiz bieten, daß sich möglichst viele beteiligen. Dazu trägt bei:

– persönliche Anrede / gemütliche Atmosphäre / Sitzen im Kreis;
– offene Einführung in das Thema, die alle dazu ermutigt, sich zu äußern, ohne Angst, gleich beurteilt zu werden;
– kurze Thesen mit Für und Wider / Stellungnahme von zwei Teilnehmern mit unterschiedlicher Auffassung / Formulierung von zwei oder drei Fragen am Schluß eines Kurzreferates;
– Anspiel / Rollenspiel als Einstieg oder Vertiefung;
– zurückhaltende, ermutigende, humorvolle, einfallsreiche Gesprächsleitung.

Merkliste zum Drandenken

– rechtzeitig mit der Vorbereitung anfangen/Termin gut überlegen (keine attraktive Parallelveranstaltung);

- zwei oder drei Leute besonders beauftragen, die einen Vorschlag ausarbeiten, der in der Gruppe besprochen wird;
- im Gebet Gott um seinen Beistand bitten;
- einen Raum besorgen, ggf. rechtzeitig Genehmigung einholen;
- Werbung überlegen (persönl. Weitersagen, Aushang, Info, Schülerzeitung);
- ggf. Kontakt mit Berater, Referenten, Elternvertreter, Berichterstatter aufnehmen;
- Raum gemütlich einrichten / kleine Angebote (Cola, Salzgebäck) vorbereiten;
- Technik beachten / besorgen (Recorder/Plattengerät/Papier und Bleistift usw.);
- einen Gesprächsleiter benennen / ggf. einzelne Gesprächsbeiträge vorbereiten;
- weiterführende Literatur überlegen / ggf. Büchertisch;
- Nacharbeit ist wichtig (auch Dank an Gott und Bitte um Weiterführung).

3.13 *Chancen und Probleme der Oberstufenreform*

Am 7./8. März 1981 trafen sich 15 Schüler der Klassen 11–13 und vier Mitarbeiter aus der Schülerarbeit zu einem Wochenendseminar in Metzingen, um über das Christsein an der Schule nachzudenken; im besonderen, was sich durch die Oberstufenreform verändert hat und wie die Schüler(bibel)kreise an den Schulen darauf eingehen können, um den Schwierigkeiten zu begegnen und neue Möglichkeiten zu entdecken. Diese Aufgabenstellung knüpfte an die Tagung in Homberg-Hülsa an. Wir übernehmen gern die Aufzeichnungen aus diesem Seminar, an denen weitergearbeitet werden soll und danken Ch. Walzer für die Vermittlung.

Positive Auswirkungen der Oberstufenreform

Wie kann man sie als Christ und als SBK nutzen und fruchtbar machen?

Erfahrungen, Auswirkungen, Probleme
- durch die Auflösung der festen Klassen kommen festgefahrene Beziehungen in Gang;
- man kommt aus festen Rollen, in die man gedrängt wurde, heraus;
- man kann viele neue Leute kennenlernen;
- es sind viele neue Kontakte möglich;
- man kann Lieblingsfächer wählen, das lernen, was einen interessiert;
- größere Möglichkeit, selbständig zu werden, selbständig zu wählen und zu arbeiten;
- Hohlstunden bringen Zeitlücken, die man füllen kann.

Ideen, Konsequenzen, Möglichkeiten

a) Lehrer und Mitschüler ansprechen, sich informieren
- bewußt das Gespräch mit neuen Leuten suchen, nicht nur über Schulthemen reden, sondern z.B. über »Was möchtest du mal werden?«, »Was machst du außer der Schule noch?« usw.; dabei etwas von sich erzählen!

- Gesprächsführung üben; Geduld, zuhören lernen, nicht aneinander vorbeireden, für den Gesprächspartner beten;
- sich überlegen, mit wem man neu in Kontakt kommen möchte; den Kontakt ausbauen; Leute zu sich nach Hause einladen (Mittagessen, Hohlstunden);
- sich Zeit nehmen, um für die Leute zu beten, denen man in der Schule begegnet. Das wirkt sich auf die Begegnung mit ihnen aus!

b) Anregungen zum Lernen
- eine Veranstaltung »selbständiges Lernen« o.ä. in der Schule anstoßen;
- die Bücher »Lernstreß ade« (J. Knoblauch) und »Methoden der geistigen Arbeit« (U. Beer) lesen (evtl. gemeinsam mit Mitschülern);
- im Unterricht über Lernmethoden sprechen und Erfahrungen austauschen;
- Einsatz dafür, daß ein eigener, gemütlicher Oberstufenaufenthaltsraum geschaffen wird (mit Sofas, Teppich, Kaffeemaschine!);
- zu gemeinsamem Lernen verabreden.

c) Hohlstunden als Chance für den SBK
- Wenn die Hohlstunden im Cafe/Eisdiele verbracht werden: Gesprächsmöglichkeiten!
- Einmal in der Woche/Tee/Kuchen/Müsli für Schüler anbieten – als »Oase« in der Schule;
- Gemeinsam was unternehmen: Waldlauf machen, Indiaca spielen etc., etc.
- Hohlstunden kreativ gestalten: Kreativzimmer einrichten mit Möglichkeiten zum Malen, Basteln, Spielen; evtl. Schule dekorieren;
- SBK-Treff in Hohlstunden ist wegen unterschiedlicher Stundenpläne kaum möglich, *aber:* man kann sich zu zweit oder zu dritt treffen zum Austausch oder in Kleingruppen; gute Möglichkeit für Zweierschaft oder kleine Aktionen.

Wie kann man als Christ und als SBK diese Situation überwinden helfen?

1. Im persönlichen Bereich: Erfahrungen, Auswirkungen, Probleme

- es bleibt weniger freie Zeit für einen selbst;
- man muß selbständig arbeiten, ohne Anleitung zu bekommen (für einige eine Überforderung);
- oft auch nachmittags Schule;
- Schule beansprucht einen stark;
- starker Leistungsdruck;
- fachliche Einseitigkeit: die punktuell Begabten werden besser, die allgemein Interessierten werden schlechter;
- Konkurrenzsituation hat zugenommen;
- man wird aus der Klassengemeinschaft herausgerissen;
- Beziehungen, die bis zur 11. Klasse bestanden, drohen abzureißen;
- die Geborgenheit in der festen Gruppe (Klasse) fehlt;
- Leute mit wenig Kontaktmöglichkeiten tun sich schwer, Einsame werden einsamer;
- Beziehungen ergeben sich nicht mehr automatisch, man muß mehr investieren, wenn ein Kontakt entstehen soll.

2. Im persönlichen Bereich: Ideen, Konsequenzen, Möglichkeiten

- Gegengewicht zur Schule schaffen: Sport treiben, Freunde haben, bewußt entspannen, Dinge tun, die man schon immer mal tun wollte;
- effektiv lernen: Zusammenarbeit mit anderen, Zeitplanung, Lernmethoden!
- Schule sollte Lehrer bereitstellen, an die man sich bei persönlichen Schwierigkeiten wenden kann;
- Leistungsorientierung abbauen; etwas Persönliches von sich einbringen; Bereitschaft, den anderen als Person zu sehen und ihm zu begegnen;
- einander bei Lernschwierigkeiten helfen, füreinander da sein wollen;

- »Imponiergehabe« abbauen;
- an Kontakten arbeiten, sie bauen, sich um sie kümmern;
- bisherige Kontakte weiterführen, investieren;
- einander einladen;
- sich nach Leuten mit wenig Kontakten umsehen und bewußt auf sie zugehen;
- offene Augen für andere haben, auf sie eingehen.

3. Im schulischen Bereich: Erfahrungen, Auswirkungen, Probleme
- der Unterricht ist sachbezogen, allgemein menschliche Themen kommen kaum zur Sprache; die Schule ist sachlich, »kühl« geworden;
- Bereitschaft, sich für gemeinschaftliche Aufgaben in der Schule zu engagieren, hat abgenommen;
- der menschliche Kontakt zu den Lehrern ist erschwert;
- die Eltern können die komplizierten Vorgänge in der reformierten Oberstufe kaum mehr durchschauen – Isolierung der Schule.

4. Im schulischen Bereich: Ideen, Konsequenzen, Möglichkeiten
- auf seinen Lebensstil in der Schule achten; Lebensstil der Phantasie und Liebe führen: andere loben, das Positive an ihm sehen, sich entschuldigen, vergeben können; Redestil überprüfen, nicht über andere klatschen, nicht einfach mitschimpfen; ermutigen, anregen (auch Lehrer!);
- kleine Freundlichkeiten erweisen: Radiergummi, Bleistifte ausleihen, Informationen geben, Mißverständnisse ausräumen helfen, Geburtstagskuchen mitbringen;
- Sitzordnung verändern, wenn möglich U-Form oder im Kreis sitzen;
- SBK als Oase in der Schule gestalten, Themen anbieten, die in der Schule nicht zur Sprache kommen (Menschsein, zwischenmenschliche Beziehungen, Konfliktbewältigung, Sinnfragen, Meditationen, Stille . . .);
- Lehrer einladen; Eltern informieren und beteiligen;
- den Leistungskurs zum Gartenfest einladen;

- Einsatz des SBK in der Projektwoche oder beim Schulfest;
- gemeinsame Schulaktivität (Klassenzimmer anstreichen o.ä.);
- sich zum Kurs- oder Schulsprecher wählen lassen.

5. In der Arbeit des Schülerbibelkreises: Erfahrungen, Auswirkungen, Probleme
- Leute aus der 12. und 13. Klasse können nur selten in den SBK kommen;
- Schwierigkeiten, einen gemeinsamen Termin zu finden;
- die allgemeine Hektik und starke Belastung führt leicht zur Resignation.

6. In der Arbeit des SBK: Ideen, Konsequenzen, Möglichkeiten
- auch wenn man sich in Klasse 12/13 schon auf dem Absprung von der Schule fühlt, sollte man aber den SBK noch nicht verlassen. Ihr habt die große Erfahrung, ihr werdet am dringendsten gebraucht!!
- auch als Oberstufler braucht man einen Kreis von Christen an der Schule zum Austausch, Nachdenken über Fragen, Fürbitte bei Klassenarbeiten . . .
- SBK in der Mittagspause mit einem gemeinsamen Essen in der Schule;
- wenn ein längeres Treffen in der Schule nicht möglich ist, kann man auf folgende Kombinationen ausweichen: einige kürzere Treffs in der Schule (vor der Schule; große Pause) und ein längeres Treffen außerhalb (am Abend oder am Wochenende);
- ein totales Ausweichen auf Treffen außerhalb der Schule ist auch möglich, hat aber den Nachteil, daß die »Schwelle« für Neue sehr hoch ist;
- folgende Möglichkeit ausprobieren: längeres SBK-Treffen außerhalb der Schule, in der Schule Treffen zu zweit oder dritt (Mini-SBK) in Hohlstunden (siehe oben); wichtig: feste Termine dazu vereinbaren, zur besseren Koordination Stundenpläne austauschen und kopieren!

4. Materialien für die Praxis

4.1 Anspielszenen – Skizzen

Lehrer-Schüler-Beziehung – Ein Spannungsverhältnis?

Es lohnt sich, darüber gemeinsam nachzudenken.

Die folgenden Skizzen können auch als Anspiele gestaltet werden.

Erstes Feld: Unterricht

»Wir wollen heute . . .« – Stimmt dieses »Wir« im Unterricht?

Wir haben beobachtet:
- Der Lehrer richtet seine Aufmerksamkeit zuerst auf die Sache, dann erst auf die Schüler.
- Der Schüler richtet seine Aufmerksamkeit zuerst auf den Lehrer, dann erst auf die Sache.
- Der Lehrer möchte mit dem Stoff durchkommen.
- Der Schüler möchte bei dem Lehrer ankommen.
- Der Lehrer wird durch den Unterricht enttäuscht und fühlt sich persönlich mißachtet.
- Der Schüler wird durch den Unterricht enttäuscht und fühlt sich persönlich nicht ernst genommen.

Stimmt das?

Wir behaupten:

Hinter den Sachansprüchen des Unterrichts stehen menschliche, den einzelnen betreffende Verklammerungen, die im Unterricht nicht aufgedeckt werden und deshalb in persönliche Enttäuschungen umschlagen.

Die menschlichen Beziehungen müssen berücksichtigt und in das pädagogische Handeln eingebracht werden, wenn der Unterricht fruchtbar werden soll. Zwischen Schülern und Lehrern muß mehr mutige Offenheit herrschen.

Zweites Feld: Privater Bereich

»Ich gehe nicht gerne ins Einkaufszentrum, da trifft man ständig Schüler.«

Schule ist ein Raum mit festen Verhaltensregeln, außerhalb der Schule ist man unsicher.

Gegenbehauptung:

Schule ist steril, das Verhalten steif, alle sind auf bestimmte Rollen fixiert.

Außerhalb der Schule begegnet man sich freier und persönlicher.

Sollen Schüler und Lehrer sich privat besser kennenlernen?

Der Lehrer braucht eine schülerfreie Zone.

Der Schüler möchte anonym bleiben.

Vertrautheit stört die Objektivität und die Gleichbehandlung aller.

Dagegen:

Vertrautheit schafft Verständnis, Vorurteile werden abgebaut.

Wir behaupten:

Schüler und Lehrer müssen über diese Frage sprechen.

Drittes Feld: Persönliche Überzeugungen

Ein Lehrer/ein Schüler bekennt im Unterricht seinen persönlichen Glauben oder seine politische Überzeugung.

Wirkt das peinlich?

Darf ein Lehrer über seine Zweifel und seinen Unglauben sprechen? Wird durch die Überzeugung des Lehrers das Erziehungsrecht der Eltern unterlaufen?

Wird durch das Bekenntnis und dessen Überzeugungskraft die Selbstbestimmung des Schülers untergraben?

Dagegen:

Nur ein glaubwürdiger Lehrer kann erfolgreich unterrichten.

Folgerungen aus den drei Spannungsfeldern:

Abschließende Antworten sind nicht möglich.

Menschliche und pädagogische, persönliche und fachliche Aspekte sind nicht zu trennen, aber man muß sie unterscheiden können. Alle Beteiligten müssen hierzu ihre Vorstellungen einbringen können: Lehrer, Eltern und Schüler.

Andacht und Gottesdienst schaffen neue Bezugsebenen.

Nur das geduldige Gespräch und der gemeinsame Wille zur Zusammenarbeit bewirken neue Entwicklungen.

Folker Albrecht, JgSt 13
Herbert Ochel, OStD
Anke Richter, JgSt 12

»Am Montag hört die Liebe auf«

(Anspiel einer Schülergruppe aus Weilburg,
aufgeführt beim Kirchentag 1979 in Nürnberg)

Personen: Einige Schüler und Lehrer

(2 Schüler kommen morgens in die Schule, großer Flur, viel Betrieb, Raumplan, Gong; nach dem Gong verläuft es sich. Nur noch die 2 Schüler bleiben übrig.)

A: Na, du siehst ja so müde aus. Warst wohl gestern wieder bis eins in der Disco, he?

B: So'n Quatsch, nerv mich jetzt nicht, ich bin schon seit halb sechs auf den Beinen und außerdem schlagkaputt, schon bevor die Schule losgeht. Der Bus war mal wieder knallvoll.

A: Tja, da hab' ich's besser, ich brauch' bloß 10 Minuten bis zur Schule. Aber sag mal, wo ist denn der Physikübungsraum?

B: Keine Ahnung, bin noch nicht lange hier. Ah, da steht einer, den fragen wir mal. (An den anderen Schüler gewandt:) Wo ist denn der Physikübungsraum?

C: Laßt mich in Ruhe, ich hab' keine Zeit, da hinten hängt ein Plan, müßt ihr selbst gucken. (Plan ist total unübersichtlich) (Leises verwirrtes Gemurmel von A und B.)

A: Mann, da wird ja keiner draus schlau. In diesem riesigen Betonklotz findet man sich auch überhaupt nicht mehr zurecht. (gehen ab)

B: Na, jetzt haben wir ja Physik. Mist, der wollte ja heute prüfen, hoffentlich tut er's nicht. (Lehrer kommt rein)

L: Guten Morgen. – Hier habe ich die Ergebnisse Ihrer letzten Physikklausur, bis 2 Uhr nachts habe ich gestern wieder korrigiert. Wenn ich so einen Test nachgucke, frage ich mich immer, was ich Ihnen eigentlich in den letzten 6 Wochen beigebracht habe. – Bitte sehen Sie die Arbeit gleich durch, spätere Beanstandungen können nicht mehr berücksichtigt werden.

(Kurze Pause, Freudenschreie, Tränenschluchzer)

D: 15 Punkte, astrein!!!

E: Was, das muß ich gerade mal vergleichen, gibst du mir mal dein Heft?

D: Quatsch, ich laß mir doch von dir nicht meine Arbeit noch schlecht machen. Sieh du selbst zu, wie du zu deiner Note kommst. Hättest ja auch 15 Punkte schreiben können.

L: (Noch immer am Hefte austeilen): Schulze, wer ist Schulze? Ulrike, können Sie mir helfen, wer ist Schulze?

U: Schulze? — kenn ich nicht. (Ruft laut): Schulze?!

(Ein Schüler meldet sich)

L: Hier, Ihr Arbeitsheft.

(Kurze Murmelpause)

A: Mensch, mir fehlen noch 2 Punkte, dabei ist Andreas' Arbeit auch nicht besser als meine. Und wenn ich die Zulassung nicht schaffe, dann kann ich gleich von zu Hause abhauen. Das wäre doch gelacht, wenn ich die 2 Punkte nicht noch irgendwo 'rausschlagen könnte.

(Kurze Murmelpause)

L: Bitte etwas mehr Ruhe, meine Damen und Herren. Wir werden jetzt den Stoff der letzten Stunde wiederholen. — Ja, — Meyer, erzählen Sie uns etwas über den Inhalt der letzten Stunde.

Meyer: Ähm, also vorige Stunde, vorige Stunde? . . . Müssen Sie heute unbedingt prüfen, ich konnte mich leider nicht vorbereiten.

L: Das interessiert mich nicht, auf Ihr Privatleben kann ich leider keine Rücksicht nehmen. Also bitte fahren Sie fort. Wir Lehrer müssen ja auch sehen, daß wir ein paar Noten zusammenbringen.

M: Na schön.

(Unruhe im Hintergrund dauert an)

L: Ruhe dahinten, oder ich ziehe andere Seiten auf, (an Meyer gewandt): Erklären Sie bitte den Gaus'schen Hochspannungsgenerator!

M: (zögernd) Also, die fluktuative Kongruenz der praktikablen Elektronenleistung . . .

(immer noch Unruhe im Hintergrund)

L: Meine Damen und Herren aus den letzten Reihen, ich kann mir kaum vorstellen, daß Sie so auf Ihre nötige Punktzahl kommen. Meyer fahren Sie in der Prüfung fort.

M: Ich kann's nicht.

L: Keine Leistung – also 0 Punkte, na, das hatte ich mir ja bei Ihnen gleich gedacht.

M: Mir hängt das Kurssystem auch zum Halse raus. Die Kurse, die ich haben wollte, die kamen nicht zustande, und die ich jetzt habe, da bring ich nichts.

L: (an die ganze Klasse gewandt)
Da unser Parallelkurs schon erheblich weiter im Stoff ist als wir, arbeiten Sie bitte bis zur nächsten Stunde die Seiten 165–187 schriftlich zu Hause durch.

(Die Schüler stöhnen über die vielen Aufgaben, der Gong ertönt, die Schüler verlassen das Klassenzimmer.)

(Tutorstunde, Unruhe in der Klasse, Lehrer kommt rein.)

L: Guten Morgen!

Schüler (alle): Guten Morgen!

L: Da wir jetzt Tutorstunde haben, müssen wir unbedingt mal über unsere Kursfahrt sprechen. Ich muß sie bis spätestens in 14 Tagen bei der Direktion angemeldet haben. Wo hätten Sie denn Lust hinzufahren?

Schüler: (alle durcheinander) Berlin, München – Quatsch, da war ich schon. Hamburg, ach was ist da denn los. Frankfurt, so'nen Blödsinn, da können wir ja gleich zu Hause bleiben. Heidelberg – willst wohl alte Steine begucken, he. Ich bin für Berlin. Das wird zu teuer. Ach Quatsch!

(Schüler beschimpfen sich schließlich gegenseitig.)

L: (laut ins Gewühl) Also Leute, so kommen wir ja nicht weiter! Warum stellen Sie sich denn alle gegeneinander? Wenn jeder ein bißchen Rücksicht nimmt, dann könnte es doch klappen. Sie müssen doch als Schüler wenigstens untereinander solidarisch sein. Sie machen sich doch nur selbst kaputt.

Sch: (scherzend) Genau. Wir brauchen alle Liebe. (Umarmt seine Nachbarin)

A: Nein, ich finde aber, Herr Schmidt hat recht. Wir dürfen uns nicht immer gegenseitig bekämpfen. Wenn wir alle zusammenhalten, können wir doch viel mehr erreichen, als wenn jeder versucht, den anderen auszustechen. Rücksicht, Solidarität und Verstehen sind doch besser als gegenseitiges Anmotzen.

B: Jetzt fehlt bloß noch, daß er anfängt, von Jesus und Nächstenliebe zu labern.

C: Doch, er hat recht, wir sollten nicht gegeneinander, sondern füreinander sein. Wir sollten gleich damit anfangen! Los, wir malen alle ein großes Plakat und hängen es im Atrium auf.

(Alle werden plötzlich aktiv, sie holen Stifte, Zeichenblätter usw. Nachher steht auf dem Plakat: All you need is love!)

(Mittagspause, einer hängt das Plakat auf, alle sitzen gemeinsam im Aufenthaltsraum.)

D: (zum Plakat) Ja, ja, am Montag fängt die Liebe an!

A: (zu B) Kannst du mir mal eben Mathe erklären, ich hab' da was nicht ganz kapiert.

B: (übertrieben) Aber klar doch, zeig mal her!

A: Hier, wie berechnet man den Schnittpunkt zweier Geraden?

B: Das ist doch ganz einfach (schnell): Du schreibst die 2 Gleichungen untereinander, setzt sie gleich. Daraus folgt . . . Dann die x auf eine Seite, dann durch . . . dividiert.

A: Halt, nicht so schnell, ich kapier das nicht.

B: Aber das sind doch ganz primitive Rechenschritte.

A: Warum steht da . . .?

B: Weil der letzte Rechenbefehl lautete . . .!

A: Weshalb macht man das?

B: Um die x auf eine Seite zu bringen und so auszurechnen.

A: Wieso gerade das x?

B: Mensch bist du blöd, du kapierst ja überhaupt nichts. Mir reicht's jetzt. Du kannst mich mal . . .!

C: Laßt uns doch noch mal mit dem Physiklehrer reden, ich finde das 'ne Schweinerei, wie der uns behandelt hat.

D: Nee, bloß nicht, der macht uns doch nur fertig.

E: Den machen wir fertig.

F: Na, was denn nun.

G: Dann machen wir eben überhaupt nichts.

H: Mistsystem, daß wir uns noch nicht mal gemeinsam wehren können. Die machen ja mit uns doch nur, was sie wollen.

C: Das liegt nicht am System, sondern an uns. Wir schaffen es nicht, wenigstens untereinander mal solidarisch zu sein.

K: Ja, ja, am Montag hört die Liebe auf. Muß das denn so sein?

Anspiele zum Thema Lehrer-Schüler-Beziehung

Konfliktsituation in der Schule

Szene 1: Lehrer beharrt darauf, Recht zu haben, obwohl er eine völlig sinnlose Anweisung gegeben hat: Im Chemieunterricht mußten die Schüler – Klasse 12 – beim Wasserabkochen eine Schutzbrille aufsetzen (aus dem Leben gegriffen). Nur ein Schüler begehrt auf. In der Diskussion setzt sich der Lehrer durch.

Szene 2: Abends in der Kneipe. Lehrer und Schüler aus Szene 1 treffen sich, Lehrer lädt Schüler zum Bier ein. Lehrer gibt zu, daß seine Anweisung sinnlos war; er erklärt, warum er dies vor der Klasse nicht zugeben wollte (wird als Zeichen von Schwäche gedeutet, Anweisungen könnten in Zukunft immer zur Diskussion gestellt werden . . .). Schüler erklären, warum nur ein Schüler widersprochen hat (Angst, Abhängigkeit, Gleichgültigkeit . . .).

Unser Religionslehrer

Szene 1: Zwei Schüler unterhalten sich über ihren Religionslehrer. Seit Monaten haben sie das Thema »Atheismus« behandelt und eine Position nach der anderen besprochen, ohne daß der Lehrer einmal persönlich Stellung bezieht. Schüler beschließen, ihn direkt zu befragen.

Szene 2: Im Lehrerzimmer. Der Religionslehrer aus Szene 1 regt sich auf, daß zwei Schüler es gewagt haben, ihn nach seiner persönlichen Meinung über Gott zu befragen. Meint, dies sei doch unmöglich, da das niemanden etwas anginge und er doch im RU nur informieren und nicht manipulieren wolle. (Hilflos und entrüstet)
Ein Kollege widerspricht.

Szene 1: Ein junger Lehrer bemüht sich um ein gutes Verhältnis zu seiner Klasse (10), er möchte bewußt menschlich sein und Vertrauen stiften und bietet den Schülern das Du an. Die sind begeistert und finden den Lehrer toll.

Szene 2: Nach 3 Wochen kommt die erste Krise. Während einer schweren Klassenarbeit werden Manfred und Hans beim Abschreiben erwischt. Der Lehrer ist unsicher, schließlich nimmt er die Hefte an sich und trägt die beiden in das Klassenbuch ein. Die Klasse protestiert: »Das kannst Du nicht machen! Das ist echt unkameradschaftlich. Wir sind fertig mit Dir. Ist das Dein Vertrauen?« Gegenargumente kommen nicht an. Wegen Tumult in der Klasse muß die Arbeit abgebrochen werden.

Szene 3: Im Flur trifft der junge Lehrer einen älteren befreundeten Kollegen und erzählt ihm sein Mißgeschick. Der Kollege antwortet: »Ich hab es Ihnen gleich gesagt, daß das Duzen zu keinem guten Ende führt. Distanz halten ist die halbe Disziplin.«
»Aber . . .«

Gerhard S. Möps STR/ Thomas Wieder Jgst. 12

4.2 *Wandel der Lehrerrolle*

1967 »Der Religionsunterricht an der Volksschule E. nimmt im Gesamtunterricht aller Klassen einen hervorragenden Platz ein. Ohne Zweifel hat das folgenden Grund: Gegenüber eigenen trüben Erfahrungen mit meinem Religionslehrer in meiner eigenen Schülerzeit erlebte ich hier, wie stark die persönliche Ausstrahlungskraft des Schulleiters ist, der außer dem 6. und 7. Schuljahr, wo der Ortspfarrer unterrichtet, in allen Klassen Fachlehrer für Religion ist. Er steht mit seiner bewußt christlichen Haltung hinter allem, was er in und außerhalb des Unterrichts sagt und tut. Die Schüler erleben den Mann, der sie zum christlichen Glauben führen will, als einen Menschen, zu dem sie unbedingtes Vertrauen haben können, und der es ihnen in ihrem Alltag am menschlichen Beispiel erfahrbar macht, daß es einen Sinn hat, als Kinder Gottes an den Vater im Himmel zu glauben. So sind die Schüler offen für die christliche Lehre. Ich glaube, die Schüler freuen sich auf den RU, weil er ihr persönliches Leben, das voller Fragen ist, bereichert. Diese Voraussetzung erleichterte meinen Unterricht. Ich fand offene Herzen vor und die große Bereitschaft der Schüler, mit mir gemeinsam zu erarbeiten, was ihr Leben vertieft und sinnvoll macht.«
(aus dem Bericht eines Vikars über sein Schulpraktikum)

1974 »Sie wollen nicht Lehrer sein, sondern Medium, Berater oder so. Weil die Schule ein Ort ist, an dem organisiertes Lehren geschehen sollte, aber durch die Institution selber verhindert wird, wollen Sie die Lehrerrolle abstreifen. Sie setzen statt dessen auf roundtable, Kommunikation, Gruppendynamik. Aber das ist eine falsche Konsequenz, durch die Sie sich oft genug gezwungen sehen, in der Rolle des alten autoritären Unterrichtsbeamten Zuflucht zu suchen. Wirklichen Widerstand . . . leistet der Lehrer, der sich nicht verdrießen läßt und versucht, wirklich zu lehren . . . Lehren aber kann man nicht, weil es im Lehrplan steht, weil ihr das und das dann im Leben braucht, weil es zur Allgemeinbildung gehört. Man kann nur lehren, was einem selber wichtig ist . . . Mut also zum Lehren und auch zur persönlichen, nicht durch Machtmittel erzwungenen Autorität.«
(aus einer Schülerzeitschrift, zitiert nach H. Blankertz, ZfPäd 1978, Heft 2, S. 171)

1981 »Das wichtigste Curriculum des Lehrers ist seine Person. (›Curriculum‹ möge hier beides heißen: sowohl Mittel des Unterrichts wie Mittel der Erziehung.) . . . Nicht, über wieviele Kenntnisse der Lehrer verfügt, nicht, welche Medien er benutzt, nicht, welche Motivationskünste er einzusetzen versteht, nicht, welche Lernsituationen er herbeiführt, wird je für sich entscheiden, ob der Unterricht gut ist (nämlich interessant und wirksam), sondern wie sehr er durch seine Person überzeugt, daß dieser Gegenstand für einen heute lebenden Menschen – z.B. für ihn – wichtig ist und Folgen hat. Kein Lehrer kann, so behaupte ich, einem Schüler etwas ›wichtig machen‹, was ihm selber nicht wichtig ist.«
(H.v.Hentig, Vom Verkäufer zum Darsteller. Absagen an die Lehrerbildung. In: Neue Sammlung 2/81, S. 110)

Diese Zitate machen den großen Spannungsbogen sichtbar, der die Diskussion um die Lehrerrolle in den letzten 25 Jahren bestimmt hat. Die Erfahrung, die der Vikar in den 60er Jahren in der Volksschule gemacht hat, stimmt mit der Konzeption überein, die Helmuth Kittel in seinem Buch »Der Erzieher als Christ« (1951) entworfen hat. Hier vertritt ein Lehrer den christlichen Glauben, den er im Unterricht lehrt, als Pädagoge und als Mensch. Die Schüler erleben und erkennen, daß die persönliche Überzeugung ihres Lehrers mit seiner Lehre zusammenhängt und seinen pädagogischen Stil und seine persönliche Lebensweise auch über den Unterricht hinaus prägt. Das macht ihn für sie glaubwürdig. Das schafft Vertrauen und läßt sie etwas vom Religionsunterricht für ihr eigenes Leben erwarten.

In den 70er Jahren sind andere Akzente gesetzt worden. Der Lehrer als Mensch und als Erzieher tritt zurück; der Religionslehrer war nicht als Christ, sondern als Fachmann gefragt. Der Lehrer als Person stand am Rande. Seine Funktionen, die immer stärker ausdifferenziert wurden, waren wichtig als Experte für didaktische Planung, als Spezialist für (Multi-) Medieneinsatz, als wissenschaftlich ausgebildeter Fachlehrer, als Organisator von Gruppenprozessen, als Berater für die Schullaufbahn des Schülers, als Fachmann für Testentwicklung und Leistungsmessung usw. usw.

Der zweite Text aus einer Schülerzeitung zeigt, wie notwendig Mitte der 70er Jahre eine Besinnung auf die Rolle des Lehrers wurde. Man hatte vergessen, daß der Lehrer als Mensch und Erzieher, als exemplarischer Erwachsener nicht aus der Konzeption von Unterricht und Bildung eliminiert werden kann. Denn junge Menschen erwarten von ihren Eltern, Lehrern, Erziehern und Ausbildern, daß sie ihre Einstellungen und Überzeugungen offenlegen und vertreten, um sich daran orientieren und in der Auseinandersetzung wachsen zu können.

Das ist nun auf einmal wieder deutlich und wird von Hartmut von Hentig neu – und bewußt einseitig – herausgestellt.

Diese drei Texte eignen sich sehr gut für Gespräche zwischen Schülern – Lehrern – Eltern, aber auch in Grundkursen der Fächer Religion, Politik, Pädagogik.

Hier noch drei Fragen als Einstieg:

1. War die Differenzierung der Lehrerrolle in den 70er Jahren ein Irrweg?

2. Muß man nicht im Unterricht zwischen Information und persönlicher Wertung unterscheiden, damit Schüler sich ein eigenes Urteil bilden können?

3. Gilt das, was H. v. Hentig sagt, für alle Fächer?

4.3 Andacht zum Thema »Frieden«

Das Thema »Frieden – Frieden stiften – Frieden halten« spielt in der Schule, im Umgang der Menschen, die in der Schule leben, eine große Rolle. Dabei geht es um die Zusammenarbeit der Lehrer und die Lehrer-Schüler-Beziehungen wie um die Konflikte, die mit den institutionellen Anforderungen der Schule verbunden sind (wie Notengebung, Versetzung, Leistungsbeurteilung, Konkurrenzverhalten zwischen Schülern und im Kollegium, Elternmitbestimmung, Anordnungen der Schulverwaltung usw.).

Während der Tagung fand eine Andacht statt, die mit Schülern vorbereitet und folgendermaßen aufgebaut war:

1. Einführung: Hinweis auf die Bedeutung des Themas in der Schule
2. Gemeinsames Lied mit Gitarrenbegleitung
3. Drei Schüler geben einen kurzen Situationsbericht aus eigener Erfahrung:

   Ma.: erzählte, wie er durch die Klasse dazu gedrängt wurde, einem neuen Lehrer, der sich nicht durchsetzen konnte, mit anderen zusammen das Leben schwer zu machen. Persönlich habe er dem Lehrer gar nichts antun wollen, aber unter Klassendruck mitgemacht. Ihm war nachträglich bewußt geworden, wie zwiespältig er sich verhalten hatte. Er wollte in Zukunft als Christ den Mut aufbringen, vor der Klasse seine Meinung zu sagen.

   Mo.: Die Schülerin berichtet vom Streit mit einer Bekannten über Fragen des Glaubens. Sie sind verschiedener Auffassung. Sie lehnen jeweils die Auffassung des anderen ab. Da es zu keiner Verständigung kommt, trennen sie sich. Nach einiger Zeit hat Mo. ein Erlebnis, durch das ihr deutlich wird, wie einseitig ihr Urteil ist. Sie lädt die Bekannte noch einmal ein, sie lernen einander näher kennen und freunden sich an. Die Meinungsverschiedenheiten bestehen nach wie vor, aber jeder läßt den anderen gelten und versucht, auf den anderen zu hören. Gemeinsam können sie jetzt anderen viel besser helfen.

Pe.: berichtet vom Verhältnis zu seinem Vater, der sich sehr für ihn interessiert und nach seinen schulischen Erlebnissen fragt, aber der Schüler hat den Eindruck, daß sein Vater die Situation und die Schwierigkeiten in der Schule doch nicht verstehen kann. Er möchte ihm das nicht direkt sagen und deswegen erzählt Pe. ihm manchmal belanglose Dinge und übergeht die Konflikte und Probleme, die ihn belasten. Er möchte auch den Auseinandersetzungen mit seinem Vater, die sich womöglich daraus ergeben, aus dem Wege gehen. (In dem Vorbereitungsgespräch war Pe. klar geworden, daß er mit diesem Verhalten den Weg eines »faulen« Friedens gegangen war.)

4. Im Anschluß an diese Szenen legte K. zwei Texte aus dem Neuen Testament aus und bezog sie auf die Beispiele:
   - »Selig, die Frieden stiften, denn sie werden Söhne und Töchter Gottes genannt werden«. (Mt. 5,9)
   - »Meint ihr, ich sei gekommen, um Frieden auf die Erde zu bringen? Nein, sage ich euch, nicht Frieden, sondern Streit.« (Lk. 12,51)

   Die Spannung, die in diesen beiden Worten liegt, wird darin sichtbar, daß der Geist des Friedens, den Gott uns schenkt, wenn wir mit ihm versöhnt sind, nicht eine weichliche oder ängstliche Nachgiebigkeit meint, sondern die Bereitschaft einschließt, für die Wahrheit einzutreten und Gottes Wort zu bezeugen. Es ist deutlich, daß die erste und die dritte Szene den einen Gesichtspunkt erkennen lassen, die zweite Szene den anderen . . .

5. Die Andacht schloß mit Gebet und Lied.

4.4 *Fragebogen für Mitschüler*

Meinungsumfrage unter Schülern zum Thema »Glaube«

Der Fragebogen regt zum Gespräch über mögliche Antworten an und gibt Impulse, sich evtl. intensiver mit Glaubensfragen auseinanderzusetzen. Auf jeden Fall ist er eine Hilfe für Schüler, die oft Schwierigkeiten haben, mit Mitschülern ein Gespräch über den Glauben zu führen.

Vorderseite

Studentenmission in Deutschland
SMD
Christliche Schülerarbeit

Meinungsumfrage unter Schülern
Thema: Glaube

1.Schultyp:............... Klasse/Kurs:................
männl. O weibl. O

2.Hast Du Kontakt zu einer Gruppe/Kreis an Deiner Schule ?
ja O Welche Gruppe?..................
Engagement in der Gruppe: wenig O
kontinuierlich O
stark O
nein O Warum nicht?..............................

3.Was beschäftigt Dich neben Deinem Schulalltag?
....

4.Gehörst Du zu einer Kirche oder Gemeinde?
ja O zu welcher?.........................
nein O
Gehst Du zum Gottesdienst oder anderen kirchlichen Veranstaltungen?
regelmäßig O
selten O
nie O
häufig O
Warum?....................................

5.Hältst Du die Auseinandersetzung mit religiösen Fragen für nötig und wichtig?
ja O
nein O

6.Was sind Deiner Meinung nach die Hauptinhalte des christlichen Glaubens?..
....

7.Würdest Du Dich als Christ bezeichnen?
ja O
nein O
weiß nicht O

Rückseite

8. Wer ist Deiner Meinung nach Jesus?

Lehrer, Philosoph ○ Erlöser der Welt ○
Religionsstifter ○ Sohn Gottes ○
Sozialrevolutionär ○ Vorbild ○
guter Mensch ○ normaler Mensch ○
weitere Antworten...

9. Wie bist Du zu dieser Auffassung gekommen?

Erziehung ○ Freunde, Mitschüler ○
Religionsunterricht ○ christliche Literatur ○
Kirche, Pfarrer ○ Bibel ○
Evangelisation ○
weitere Antworten...

1o. Welche Ziele siehst Du für Dein Leben?

....

....

11. Kannst Du Dir vorstellen, daß die Bibel eine Antwort auf die Frage nach dem Sinn des Lebens gibt?

ja ○ weiß nicht ○
nein ○ käme auf einen Versuch an ○

12. Findest Du, daß der christliche Glaube Möglichkeiten zur Beantwortung persönlicher, gesellschaftlicher und politischer Fragen bieten könnte?

ja ○ teilweise ○
nein ○ weiß nicht ○

13. Welche Teile der Bibel hast Du schon gelesen?

....

....

14. Hältst Du die Bibel für glaubwürdig?

ja ○ teilweise ○
nein ○ weiß nicht ○

15. Angenommen, es gäbe einen persönlichen Gott, wie er in der Bibel bezeugt wird, wärst Du daran interessiert mehr über ihn zu erfahren?

....

Interesse an der Auswertung: ja ○ nein ○
Interviewer:
Datum:
Ort:

5. Ein Ausweg aus dem Dilemma

von Hans Bernhard Kaufmann

5.1 Perspektivenwechsel

Vor etwa zwei Jahren las ich das Buch von Paul Watzlawick »Lösungen«*. Es hat mir geholfen, ausweglose Situationen, die wir selbst geschaffen haben oder in die wir hineingeraten sind, unter einem neuen Blickwinkel zu sehen. In diesem Buch zeigen die Autoren an einer Fülle von Beispielen, warum wir so oft keinen Ausweg finden, wenn wir uns festgefahren haben, warum wir trotz aller Anstrengungen manchmal nur noch mehr in die Sackgasse geraten und keine Lösung finden. Es ist wie ein Teufelskreis, aus dem man nicht mehr herauskommt.

Um ein paar Beispiele zu nennen: Wer nicht einschlafen kann, nimmt sich vor, jetzt endlich zu schlafen. Und weil er es erzwingen will, kann er erst recht nicht einschlafen.

Oder eine Mutter ist mißtrauisch, daß ihre vierzehnjährige Tochter sich zu viele Freiheiten herausnimmt; deshalb beginnt sie, ihren Umgang zu kontrollieren und ihr nachzuspionieren. Die Tochter spürt das Mißtrauen, distanziert sich von der Mutter und erzählt ihr immer weniger. Je weniger die Tochter erzählt, um so mißtrauischer wird die Mutter, weil sie meint, das Schweigen ihrer Tochter müsse seine Gründe haben.

Oder die Angst des Lehrers vor der Klasse: Er befürchtet, die Schüler könnten ihm auf der Nase herumtanzen. Also nimmt er sich vor, Distanz zu halten, streng zu sein, gleich den ersten besten hart anzupacken, damit gar keine Disziplinlosigkeit erst einreißt. Aber weil er sich so verhält, gibt er der Klasse keine Chance, ihm Vertrauen entgegenzu-

* P. Watzlawick/J. H. Weakland/R. Fisch, Lösungen. Zur Theorie und Praxis menschlichen Wandels, Bern/Stuttgart/Wien 1974.

bringen. Die Schüler erleben ihn als Gegner. Da sie zugleich von ihm abhängig sind, verstärkt sich ihre Angst. Sie solidarisieren sich, sie werden verschlagen, sie arbeiten nur unter Kontrolle. Der Lehrer spürt das, fühlt sich bestätigt und verschärft sein Verhalten.

Das sind diese ausweglosen Situationen. Es gibt sie überall: in der Ehe, in der Familie, im Betrieb, in der Schule, in der Kirche, in der Politik.

Die Autoren des Buches zeigen eindringlich, daß wir in der Regel keine Lösung finden, solange wir in die Situation, in diesen Mechanismus, in ein solches System verwickelt und verstrickt sind. Wir sind dann nämlich befangen. – Um zu einer Lösung zu kommen, muß einer aus dem System heraustreten (können). Er muß Abstand nehmen, er muß eine neue Einstellung gewinnen, eine neue Deutung finden, seine bisherige Erfahrung in einem neuen Licht sehen.

Watzlawick und seine Mitautoren machen das an einer einfachen Denksportaufgabe klar. Es geht darum, die neun Punkte der nachstehenden Figur durch vier gerade, zusammenhängende Linien zu verbinden, ohne den Stift vom Papier abzuheben. Versuchen Sie einmal einen Augenblick lang, diese Aufgabe zu lösen . . .

Sie werden dabei die Schwierigkeit empfunden haben, da fast jeder zunächst versucht, eine Lösung innerhalb der Figur zu finden. Das ist jedoch unmöglich. Erst wenn man Abstand nimmt und die Figur in einen anderen Bezugsrahmen stellt, wird die Aufgabe lösbar.

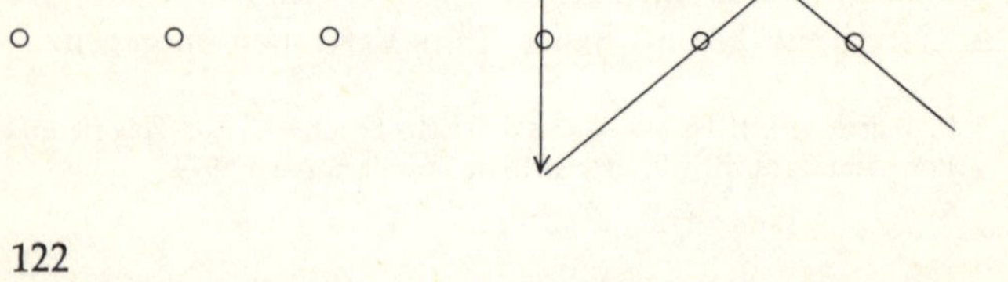

Normalerweise sind wir genauso in unserer Situation befangen wie derjenige, der innerhalb der Figur bleibt und die neun Punkte verbinden will. Wenn man die Lösungen für menschliche Probleme sucht, die ausweglos erscheinen, muß man sehr oft zuerst einmal aus der Situation heraustreten und eine neue Sicht, eine neue Einstellung, einen neuen Rahmen finden, um dann zu den Problemen zurückzukehren. Nicht selten finden wir dann eine Antwort, einen Ausweg, eine neue Möglichkeit.

Ich habe vor einigen Jahren eine ganz ähnliche Erfahrung gemacht. Während der Sommerferien trat auf einmal eine akute Magenblutung auf. Ich mußte einige Wochen ins Krankenhaus und längere Zeit mit der Arbeit aussetzen. Der Arzt vermutete als Ursache Überforderung, Streß, verdrängte Konflikte. Er hatte recht. Viele von Ihnen werden das sicher aus eigener Erfahrung kennen. Die Umstände in Kollegien, Betrieben, Schulen können derart schwierig und verfahren sein, daß es scheinbar keinen Ausweg gibt. Die personelle Konstellation, die eingefahrenen Verhaltensmuster und die institutionellen Strukturen greifen so engmaschig ineinander, daß einer, der dieses System durchbrechen will, entweder resigniert oder sich daran aufreibt. Meine Krankheit hat mir die Gelegenheit gegeben, Abstand zu bekommen und das alles in einem neuen Licht zu sehen. Ich erkannte, wie sehr ich selbst durch meine Verhaltensweisen und Reaktionen, durch Angst und Mißtrauen dazu beigetragen hatte, daß sich die Situation eher noch verschärfte. Für mich war dieser Prozeß verbunden mit einer inneren Umkehr, besser gesagt mit der Einsicht, daß ich, anstatt Gott zu vertrauen und mit seiner Hilfe zu rechnen, versucht hatte, allein, aus mir selbst heraus, die Situation zu bewältigen. Ich lernte wieder, mein Leben und vor allem auch die täglichen Schwierigkeiten und Konflikte im Licht des Evangeliums zu sehen. Diese neue Einstellung, dieser neue Bezugsrahmen führte zu neuen Lösungsmöglichkeiten.

Ich bin überzeugt, daß viele Probleme in unseren Schulen

gegenwärtig nur noch gelöst werden können, wenn wir den Mut haben, die Betrachtungsweise zu ändern und unsere Einstellung zu erneuern. Das hat wohl auch Karl Ernst Nipkow gemeint, als er in seinem Referat zu Beginn der Tagung der Synode der Evangelischen Kirche in Deutschland zum Thema »Leben und erziehen – wozu?« im Novemer 1978 darauf hinwies, daß die Krise der Erziehung und der Schule nicht mehr durch administrative Maßnahmen oder durch eine Behandlung der wissenschaftlichen, didaktischen oder methodischen Probleme zu lösen ist. Im Zentrum aller Fragen stehe nicht das Bildungsverständnis und seine Erneuerung, sondern vielmehr die Einsicht, »daß wir selbst und die von uns geschaffenen Lebensverhältnisse das Problem der Erziehung sind . . . Wir sind das Vorgegebene. Unsere Kinder finden uns vor: unsere Wertorientierungen und unseren Lebensstil, unser Engagement und unsere Gleichgültigkeit, unseren Glauben und unseren Unglauben«*.

Im Wort der Synode an Lehrer und Ausbilder, Eltern und Erzieher wird das folgendermaßen formuliert: »Wir haben Veranlassung, uns heute daran zu erinnern, daß es in der Erziehung um eine grundlegende Lebensbeziehung zwischen den Erwachsenen und der nachwachsenden Generation geht, aus der heraus Hilfe zum Menschsein und zur Lebensbewältigung gegeben und erfahren werden soll. Wie aber werden wir dem gerecht? In der Erziehung geht es um mehr als Expertenwissen und neue Techniken, Veränderung von Bildungsprogrammen oder Erhöhung des materiellen Aufwandes. Die Frage, wie Kinder und junge Menschen leben und lernen sollen, kann auch durch wissenschaftliche Forschung nicht zureichend beantwortet werden. Erzieherisches Handeln ist vor allem ein unmittelbares Miteinander von Mensch zu Mensch. Es gründet in ganz persönlichen Erfahrungen und Überzeugungen von dem,

* K.E. Nipkow, Leben und Erziehen – wozu? In: Leben und Erziehen – wozu? Eine Dokumentation über Entschließungen der Synode der Ev. Kirche in Deutschland vom 9. und 10. Nov. 1978, Gütersloh 1979, S. 22.

worauf es im Leben zuletzt ankommt, was einer glaubt, was einer hofft, was einer liebt. Keine andere zwischenmenschliche Beziehung gibt uns darum wie das erzieherische Verhältnis Anlaß zur Selbstbesinnung. Den Fragen, Verlegenheiten und Ängsten der uns anvertrauten Kinder und Jugendlichen können wir in Wahrheit nur begegnen, wenn wir uns selbst fragen und dann auch Antwort geben können, wovon und wofür wir leben.«*

K.E. Nipkow zieht daraus die Konsequenz und fordert uns auf, den Blick »von der Kategorie des Zieles zur Kategorie des Grundes« umzuwenden, um der Voraussetzungen neu innezuwerden, aus denen Leben und Erziehen ihren Sinn und ihre Zuversicht gewinnen. »Dieser Umkehr entspricht das, was theologisch Buße heißt: wegkommen von dem, was man mit verzweifelter . . . Anstrengung selbst verwirklichen möchte, herkommen von dem, was Gottes Zuwendung zum Menschen und seiner ganzen Schöpfung bereits als den Sinn unseres Lebens sichtbar gemacht hat, hinkommen zu einem Leben aus seiner Hand: es dankbar empfangen und es lieben können, wie er es liebt . . .« (a.a.O., S. 37).

* Wort der Synode an Lehrer und Ausbilder, Eltern und Erzieher zur gegenwärtigen Situation der Erziehung und der pädagogischen Einrichtungen in der Bundesrepublik Deutschland. In: Leben und Erziehen – wozu? (vgl. Anmerkung 2), S. 80

5.2 Grundwidersprüche im pädagogischen Feld

1. Schule und Erziehung sind in ein Dilemma geraten. Einerseits werden sie immer wichtiger, andererseits sinnleer und äußerlich. »Bildung« als Abschlußzeugnis und Berechtigungsschein entscheidet über den Berufsweg und den späteren sozialen Status mehr als alles andere. Aber zugleich erleben wir, daß sehr viele Schüler – ebenso wie ihre Eltern und Lehrer – der Schule gegenüber Unlustgefühle entwikkeln, die zu einem zwiespältigen Verhalten führen. Im Interesse des eigenen Fortkommens nimmt man den »Betrieb« in Kauf, ist aber im Grunde nur äußerlich beteiligt. Auch viele Lehrer fühlen sich zunehmend überfordert und reagieren darauf so, daß sie Lehrerrolle und persönliches Engagement trennen. Scheinbar ist die Schularbeit erträglicher, wenn man sich persönlich heraushält. Aber der Rückzug in den privaten Bereich hat für das Klima an der Schule schlimme Folgen. Phantasie und Humor, Spiel und Freude, Zuwendung und persönliche Anteilnahme gehen verloren. Ein Formalismus, der sich wichtig tut, und das Gefühl der Bedeutungslosigkeit hängen seltsam eng zusammen. Im Vergleich zur Situation in den Entwicklungsländern sagte kürzlich Erhard Eppler in einem Interview:

> »In den Ländern, in denen nicht gerade Hunger die Kinder um jede Vitalität bringt, machen sie einen wesentlich glücklicheren Eindruck als die unseren. Sie wachsen auf in kleinen Hütten, haben ihr Lager meist auf trockenem Lehmboden, sind nach unseren Vorstellungen kümmerlich ernährt; aber sie wachsen auf unter einer großen Zahl von Geschwistern, können noch um die Hütte herum spielen, haben als ganz kleine Kinder einen sehr viel stärkeren Körperkontakt mit der Mutter, die ja die Kinder häufig mit sich trägt. Und in den Schulen, die meist nur aus ein paar Tischen und ein paar Bänken und einem Dach darüber bestehen, ohne Fenster, wird eben sehr viel mehr gesungen, gespielt und getanzt, musiziert, gemalt und gebastelt als etwa bei uns. Man hat den Eindruck, daß unsere Kinder dagegen in ihrer psychischen und sozialen Entfaltung Hunger leiden.

Wenn Sie mich fragen, wie man das bei uns ändern soll, so muß ich gestehen, daß ich ohne eine gründliche Veränderung unserer Gesellschaft wenig Hoffnung sehe. Aber wenn wir von der Pädagogik aus mit Aussicht auf Erfolg den psychischen und übrigens auch physischen Zerstörungen entgegenwirken wollen, die die heutige Gesellschaft für unsere Kinder mit sich bringt, dann müssen wir bei uns erst einmal unsere Ansprüche an die Schule reduzieren, dann müssen wir sehr bescheiden werden in dem, was wir erreichen wollen. Heute, zwanzig Jahre nachdem ich die Schule verlassen habe, nachdem wir vier Kinder großgezogen haben, sehe ich ein bißchen, was in der jungen Generation vor sich geht. Das Ziel einer Schule würde ich schlicht so formulieren: Wenn es gelingt, unsere Kinder psychisch und physisch gesund durch die Schule zu bringen und Lehren und Lernen so einzurichten, daß sie am Ende der Schule mehr Lust zum Lernen haben als zu Beginn, dann wäre damit wahrscheinlich mehr erreicht, als unsere Schulen heute erreichen. Solange allerdings die Schule in erster Linie ein Zubringer zur Wachstums- und Leistungsgesellschaft ist und den Gesetzen unserer Konkurrenzgesellschaft voll unterworfen, glaube ich nicht, daß die Lebensqualität durch schulisches Lernen erhöht wird . . .

Eine Schule, die den Lehrer zunehmend dazu anhält, seine eigene Person, seine eigene Identität – soweit er eine hat – sogar noch zu verbergen, ihn also dazu anhält, den Kindern möglichst nicht als Person entgegenzutreten, kann hier eigentlich nur mehr zerstören als aufbauen.«*

2. Ähnlich liegt es in der Frage der Mitverantwortung und Mitbestimmung von Schülern, Lehrern, Eltern und Schulgremien. Die Reformbestrebungen der 60er und 70er Jahre, die anfangs noch durch einen fundamentaldemokratischen Impuls getragen waren, sind an vielen Stellen in organisatorischen und rechtlichen Veränderungen steckengeblieben. Immer mehr Bereiche wurden einer zentralen Planung unterworfen. Immer mehr Gesetze und Verfügungen sollen Mitverantwortung und Mitbestimmung regeln, aber allein schon der organisatorische Aufwand und die komplizierten

* »Was macht das Leben wieder menschlicher?« Interview mit Erhard Eppler, in: Brennpunkt Erziehung, 6. Jahrg. (1981) Nr. 3, S. 1ff.

Verfahren erschweren in vielen Fällen eine fruchtbare Zusammenarbeit. Vor allem zeigt sich eine seltsame Diskrepanz zwischen dem formalen Aufwand und der geringen Beteiligung. Man sieht keinen Sinn darin, sich noch zu engagieren.

Dieser Grundwiderspruch spielt eine zentrale Rolle in der Frage der Lehrfreiheit des Lehrers gegenüber der Schulaufsicht. Der pädagogische Ermessungsspielraum wurde immer stärker eingeschränkt, die Entscheidungen des Lehrers bis in die Verwendung einzelner Texte im Unterricht kontrolliert. Es geht dabei auch um die relative Selbständigkeit von Schulen und Bildungseinrichtungen gegenüber der zentralen Verwaltung, vor allem aber um die Frage, ob es wirklich notwendig ist, Leistungsnormen und Leistungsmessung zentral festzulegen und zu steuern. Eine größere Gerechtigkeit ist damit jedenfalls nicht erreicht worden.

Als ich kürzlich einen engagierten Schulleiter besuchte, der seit 10 Jahren erfolgreich vielfältige Formen der Mitsprache, Mitbeteiligung und Mitbestimmung von Schülern, Eltern und Lehrern an seiner Schule gefördert hat, erzählte er mir folgendes Beispiel einer Elterninitiative:

In einem Kurs für Primaner sollte mit Zustimmung der betroffenen Kollegen – nach zweijähriger Kontinuität und aus pädagogisch einleuchtenden Gründen, nicht zuletzt, um der anderen Kursgruppe Chancengleichheit zu gewähren – der Lehrer gewechselt werden. Die Eltern waren durch kein Argument zu überzeugen. Sie bildeten eine Elterninitiative, forderten eine Überprüfung der Entscheidung durch die zuständige Schulbehörde und drohten mit dem Verwaltungsgericht. Es waren zum Teil Eltern, die in der Mittelstufe kritisch und konstruktiv mitgearbeitet hatten. Hier liegt das Dilemma offen zutage.

Ein bekannter CDU-Politiker stellte kürzlich die Forderung auf: »Die Freiheit in unseren Schulen ist wichtiger als die Einheitlichkeit. Es muß jetzt alles dafür getan werden, daß jede Schule ihren Lebensraum bekommt, in dem sie sich entwickeln kann.«

Ich glaube, jeder einsichtige SPD-Bildungsexperte wird heute dieselbe Auffassung vertreten.

Mir hat gut gefallen, was Erhard Eppler kürzlich sagte: Es wäre an der Zeit, Reform neu zu definieren. »Reform, gerade im Bereich der Bildung, ist nicht irgendein Gesetz, das eine Landtagsmehrheit beschließt und eine Kultusbürokratie durchführt. Reform ist ein Prozeß der Bewußtseinsänderung, und zwar vor allem an der Basis, einer Bewußtseinswandlung, die humaneren Formen von Bildung und Schule Raum schafft. Reform ist ein Diskussionsprozeß zwischen Eltern, Lehrern, Schülern, Abgeordneten, Ministerialbeamten, Gemeinderäten. Die humane Schule kann nicht verordnet werden, sie muß zuerst von der Basis her angestrebt, praktiziert werden.«*

Ganz ähnlich lautet die Entschließung der EKD-Synode: »Wir bitten alle, die es angeht, Bildungsplanung als Dienstleistung am Menschen und in der Spannung von Versuch und Gelingen, Verfehlen und Neuanfang zu betreiben. Wo Sachverstand aus reflektierter, selbst erprobter und erlittener Praxis hervorgeht, wird er pädagogisch ausgewogen und sachlich angemessen urteilen können.« (a.a.O., S. 88)

Ich will mit diesen Ausführungen darauf hinweisen, daß die Probleme der Mitverantwortung und Zusammenarbeit an der Basis gelöst werden müssen. Politik, Wissenschaft und Verwaltung können dazu wichtige, manchmal notwendige Voraussetzungen schaffen und Unterstützung leisten. Aber sie sind viel zu weit vom Schuß, und sie haben in der Regel viel zu wenig Ahnung von den wirklichen Schwierigkeiten, als daß ihnen erlaubt werden dürfte, noch mehr zu tun.

Die Entwicklung der letzten 10 Jahre hat zu einer »administrativen Verstörung der Schule« geführt. Sie sollte den »Sachzwängen« Rechnung tragen. Gesetze und Gerichte sollten Chancengleichheit und das Grundrecht auf Bildung

* E. Eppler, Eröffnungsreferat zum SPD-FORUM Bildung »Was sollen unsere Kinder lernen?«, Manuskript S. 6f.

für jeden sichern helfen. Aber das Gegenteil ist eingetreten: Reibungsverluste, Motivationszerfall, Verweigerungen nehmen im gleichen Maße zu, wie die Bürokratisierung voranschreitet. Eine Stellungnahme des Bundesverfassungsgerichtes beschreibt, welche Folgen allein die Numerus-clausus-Reglementierung für die Schule hatte:

»Nicht nur kann es Spitzenschüler dazu verleiten, entgegen ihren Neigungen und Fähigkeiten verknappte Prestigefächer mit guten Verdienstaussichten vorzuziehen; vor allem übt der Funktionswandel der Schulnoten in ausschlaggebende Elemente der Studienzulassung – entgegen den in den Länderverfassungen normierten Erziehungszielen – schädliche Einflüsse auf Schülerverhalten und Schülermentalität sowie auf das gesamte Schulsystem aus.«

Ich meine, wir hätten wieder zu begreifen, wie relativ alle formalen Kriterien, Regeln und Ordnungen sind. In der pädagogischen Praxis sind die Menschen entscheidend, ihre Einstellungen, der Geist, in dem sie miteinander umgehen, der Grad an Vertrauen und Freiheit, den sie einander gewähren. Wie kann es sonst sein, daß in Klassen, Kollegien und Elternversammlungen, im Verhältnis zum Träger, zur Behörde und zur Gemeinde (kirchlich und kommunal) überall dort gute Erfahrungen gemacht werden und Menschen sich engagieren, wo es einigen gelungen ist, eine persönliche, offene Atmosphäre des Gesprächs und der Zusammenarbeit zu entwickeln oder zu erhalten? Wie kann es sonst sein, daß so viele gut gemeinte Bestimmungen und Mitwirkungsgesetze Überdruß und Langeweile erzeugen, je perfekter sie sind? Fragen wir uns doch einmal, ob wir nicht alle dazu beigetragen haben, die fehlende mitmenschliche Glaubwürdigkeit und Offenheit durch eine immer perfektere Verwaltung zu kompensieren.

3. Das Dilemma ist m.E. innerhalb des Systems nicht mehr zu lösen. Müssen wir nicht einmal ernsthaft die Betrachtungsweise und unsere Einstellung ändern? Darauf läuft der dritte Grundwiderspruch hinaus, der zwischen dem Gefühl

der Sinnlosigkeit und Resignation besteht und der Zuversicht, ohne die erzieherisches Tun nicht möglich ist.

»Die Mitte aller Fragen ist nicht das Bildungsverständnis und seine Erneuerung«, sagt Karl Ernst Nipkow. »Dem allen voraus liegt noch etwas anderes. Die mancherlei Orientierungsschwierigkeiten beginnen ja bereits in der Ehe junger Menschen mit dem Entschluß zum Kind überhaupt – Kinder wozu? vielleicht eins, aber mehr? Sie setzen sich in den anderen Fragen nach dem Wozu fort: Lernen wozu, Leistung wozu, Chancen wozu? wenn Arbeitsplätze unsicher werden und wenn die vom Sozialstaat gewohnten Glücksgüter nicht mehr wie selbstverständlich abgerufen werden können . . . Hier ist ausgesprochen oder unausgesprochen die Lebenszuversicht selbst berührt. Die Werte, die faktisch unsere Gesellschaft regieren – Erhöhung des Lebensstandards und Konsums, soziales Prestige und soziale Sicherheit – erweisen sich als ausgesprochen konjunkturanfällig. Der Lebenssinn zahlloser Jugendlicher und Erwachsener steht und fällt mit diesen Werten. Einen Sinn, der Lebenskrisen überwindet, vermögen diese Werte aus sich heraus jedoch nicht zu stiften.«*

Mit der Lebenszuversicht ist der Lebenswille selbst getroffen. Ohne eine solche Zuversicht, die Mut und Hoffnung weckt, gelingt Erziehung nicht. Denn die Erwachsenen, die dem Kind begegnen und den jungen Menschen begleiten, übertragen ihre Einstellung zum Leben in allen ihren Äußerungen: in ihren Gefühlen, Gebärden, Handlungen und Worten. Ihre Zuwendung und Ausdauer ist davon beeinflußt, ihre Motivation in der pädagogischen Arbeit, ihre Weise, die Wirklichkeit wahrzunehmen, auszuwählen und jungen Menschen zu interpretieren. Die Zuversicht, daß sich in allen Widersprüchen und in allem Widersinn der Wirklichkeit das Vertrauen in einen Sinn durchhalten läßt, ist für einen Erzieher stellvertretende Zuversicht. Das Kind braucht diese Erfahrung, um ein Urvertrauen in das Leben

* K.E. Nipkow, Leben und Erziehen – wozu?, a.a.O., S. 36.

aufbauen zu können, das es ihm überhaupt erst ermöglicht, sich Dingen und Menschen zuzuwenden, fremde Welt in eigene Erfahrung zu verwandeln. Und junge Menschen brauchen diese Anschauung, sie brauchen eine ausdrückliche Ermutigung, um den Spannungsbogen angesichts so vieler widersprechender, enttäuschender, leidvoller Erfahrungen durchstehen zu können.

Keine Mutter, kein Lehrer, kein Pfarrer vermag diese Lebenszuversicht vorzutäuschen, weil sie sich vor allem unbewußt äußert. Und darin liegt nun der Grundwiderspruch, der im Augenblick die ganze pädagogische Szene bestimmt. Die Erwachsenen: Eltern, Erzieher, Lehrer, Pfarrer, Bildungspolitiker sind selbst von nicht verarbeiteten Enttäuschungen, von einem Gefühl der Vergeblichkeit und Sinnlosigkeit eingeholt worden, das sich lähmend auf alle legt. Und dieses bedrückende Gefühl wirkt ansteckend und verstärkt ungewollt, aber umso nachhaltiger, die Jugend in ihrer Apathie und Verweigerung. Was nützt es, wenn wir mit schlechtem Gewissen alle möglichen Maßnahmen in Gang setzen, um sie in diese Gesellschaft einzuführen oder zu resozialisieren, wenn die tiefere Voraussetzung unseres pädagogischen Handelns, nämlich die eigene Lebenszuversicht als Mensch gestört, wenn nicht zerstört ist? Und es ist auf die Dauer verhängnisvoll, wenn dieser Zusammenhang verdrängt und durch alle möglichen Ersatzhandlungen verschüttet wird. Aber wie kann man das ändern? Liegt das überhaupt in unserer Macht: persönlich, pädagogisch, politisch?

Dieser Widerspruch berührt die religiösen Voraussetzungen unseres Lebens und der Erziehung. Warum rechnen wir auf dem Hintergrund der christlichen Überlieferung nicht mehr mit Gott, der uns liebt und zu einer lebendigen Hoffnung erneuert, die aus der Zuversicht auf sein Wort erwächst? Warum hat sein Geist, der ein Geist der Zuversicht und der Liebe und der Kraft ist, in unseren Erziehungseinrichtungen und Schulen so wenig Raum? –

Warum haben so wenig Lehrer, die in Studentengemeinde und Studentenmission, in christlichen Bewegungen und Gruppen und in ihrer Gemeinde mitgearbeitet haben und sich als Christen verstehen, so wenig Mut, auch in der Schule als Christen zu leben und zu arbeiten? Ich glaube, daß die tiefe Misere unserer Bildungseinrichtungen und der öffentlichen Erziehung, vor allem der jungen Generation erst aus der Sicht des christlichen Glaubens wahrgenommen und eingestanden werden kann. Deswegen sind gerade die Christen gefragt, ob sie nicht ihren Zwiespalt überwinden und zu Jesus Christus umkehren wollen, der sie als Eltern, Schüler, Lehrer und Ausbilder in seinen Dienst ruft. Er erbarmt sich aller, die mühselig und beladen sind, aber findet er auch Mitarbeiter, die sich senden lassen?

5.3 *Am Scheitern lernen*

Horst Eberhard Richter und Tobias Brocher haben darauf aufmerksam gemacht, daß sich in dem Verhalten und in den Erwartungen von Eltern, Erziehern und Lehrern ihre eigenen unbewältigten Lebens- und Beziehungsprobleme ausdrücken. Anders gesagt, nur wenn wir unseren Schatten, unser Versagen, unsere Enttäuschungen und unsere Schuld annehmen und uns selbst dadurch verwandeln lassen, können wir einander in Wahrheit und in Liebe begegnen.

Am deutlichsten ist das am Scheitern. Wie wir mit dem Scheitern in unserem Leben umgehen, in Ehe und Familie, in Schule und Beruf, in Kirche und Politik, das entscheidet über Menschlichkeit und Unmenschlichkeit unseres Zusammenlebens mehr als alles andere! Ich gehe davon aus, daß wir wohl alle die Erfahrung des Scheiterns, des Versagens kennen. Scheitern ist eine menschliche Grunderfahrung, die niemandem erspart bleibt. Das Scheitern in der Liebe und in der Erziehung, im Umgang von Kindern und Eltern, das Scheitern in der Schule und an der Schule ist dabei eine besonders tiefgreifende und schmerzliche Erfahrung.

Im Scheitern kommt zum Ausdruck, daß Kinder und Jugendliche, aber auch Eltern und Lehrer, daß wir Menschen überhaupt die Freiheit haben, einander zu ignorieren, auch wenn einer fachlich und persönlich alles gegeben hat, was ihm möglich war. Im Scheitern erfahren wir deshalb unsere *Ohnmacht,* unsere *Grenze* im Einfluß auf andere.

Im Scheitern kommt zweitens zum Ausdruck, daß wir alle in der Spannung von Versuch und Gelingen, Verfehlung und Neuanfang stehen. Wir sind Menschen, die nur gebrochen verwirklichen, was sie möchten und was ihnen aufgetragen ist. Wir sind Sünder, sagt die Bibel, und ich weiß, daß das wahr ist, auch wenn es viele nicht wahrhaben wollen. Im Scheitern erfahren wir deshalb, daß wir *schuldig* werden, daß wir auf *Vergebung* angewiesen sind.

Im Scheitern kommt ferner zum Ausdruck, daß unser

Leben und das Leben der uns anvertrauten Kinder und Jugendlichen von unverfügbaren Bedingungen und fremder Hilfe, von Gottes Hilfe, abhängig ist, wenn es dennoch gelingen soll. Im Scheitern erfahren wir deshalb, daß wir unsere *Aufgabe*, daß wir unser *Leben nicht aus uns selbst* heraus *bewältigen* können.

Scheitern in der Erziehung, in der Liebe, im Beruf ist schmerzhaft. Es bewirkt Leid, weil wir um den anderen Menschen besorgt sind, weil wir an der Vergeblichkeit leiden, am Unverstandenbleiben, an der Enttäuschung, daß unsere Liebe nicht erwidert und unser Einsatz verkannt wird.

Aber zugleich führt das Scheitern zur Selbsterkenntnis. Es deckt uns auf. Im Scheitern zerbricht unser falsches Selbstbewußtsein. Wir erkennen, wie oft Eitelkeit und Selbstruhm uns treiben – beruflich und persönlich. Richtiger wäre es zu sagen, das Scheitern *könnte* uns über uns selbst betroffen machen und damit verwandeln, wenn wir die Selbsterkenntnis im Scheitern annähmen. Aber daran hindern uns viele Dinge:

- unser Selbstbild, das uns nicht erlaubt, uns ernsthaftes Versagen einzugestehen;
- das Bild, das die anderen von uns haben und das wir aufrecht erhalten möchten, um nicht als Versager dazustehen;
- die Enttäuschungen der Vergangenheit, die wir möglichst vermeiden möchten: Also weichen wir dem Risiko aus; wir wagen nichts mehr, um nicht von neuem zu scheitern;
- überhaupt: wir haben Angst, im Scheitern den Boden unter den Füßen zu verlieren; denn wer hält das schon aus?

Solche existentiellen Interessen verleiten zu massiven Abwehrstrategien:

- Wir ignorieren das Scheitern; wir nehmen es gar nicht mehr als Scheitern wahr; wir färben es schön;
- wir meiden Gescheiterte oder solche, die von der Mehr-

heit dazu gestempelt werden, und halten uns an die »Erfolgreichen«;

- wer die Erfahrung des Scheiterns verdrängt, sucht die Ursachen bei den anderen, macht sie für das Mißlingen verantwortlich;
- wer sich der Selbsterkenntnis im Scheitern verweigert, entwickelt aus dem Leiden Selbstmitleid und Selbstgerechtigkeit. So wird man unfähig, das Leid anderer wahrzunehmen und ihre Last mitzutragen, unfähig zur Solidarität.

Damit ist aber nicht nur das Erzieher-Sein, sondern unser Mensch-Sein im Kern in Frage gestellt. Wir werden unfähig, Kindern und Jugendlichen, Freunden und Kollegen beizustehen und ihr eigenes Leid und ihr Scheitern deuten und bewältigen zu helfen. Im Gegenteil: alles, was wir dann noch können, ist, ihnen dieselben Verdrängungsstrategien beizubringen, die uns das Scheitern meiden lassen.

Sie werden verstehen, wenn ich sage, daß wir im Scheitern zugleich eine Erfahrung des Glaubens machen. Die christliche Botschaft besagt doch: Gott hat uns durch sein Scheitern am Kreuz errettet, so daß wir hinfort uns vor keinem Scheitern mehr zu fürchten brauchen. Diese Botschaft macht uns Mut in der verborgenen Hoffnungslosigkeit unseres Scheiterns.

Nach menschlichen Maßstäben war Jesus mit der Kreuzigung gescheitert. Die Jünger, die nach Emmaus gingen, sagten: »Unsere Hohenpriester und Oberen haben ihn zum Tode verurteilt und gekreuzigt. Wir aber hofften, er sei es, der uns erlösen wird.« Und Petrus distanziert sich von dem Gescheiterten: »Ich kenne ihn nicht.« Gott scheitert an uns, weil wir seine Liebe nicht annehmen und seine Wahrheit über uns nicht ertragen.

Aber das Kreuz hat zwei Perspektiven. Die eine Perspektive: »Wir hielten ihn für den, der geplagt und von Gott geschlagen wäre.« Vergeblich! Gescheitert! Daß Gott uns die Freiheit läßt, Jesus zu ignorieren, ihm zu widerstehen, das bestärkt viele bis heute in ihrer Sicherheit. Dabei ist es in

Wahrheit genau umgekehrt: »Er trug unsere Krankheit und lud auf sich unsere Schmerzen . . . Er ist um unserer Missetat willen verwundet und um unserer Sünde willen zerschlagen. Die Strafe liegt auf ihm, auf daß wir Frieden hätten, und durch seine Wunden sind wir geheilt.« (Jesaja 53,4ff.) Aus der Perspektive Gottes ist der Weg ans Kreuz also stellvertretendes Handeln und stellvertretendes Leiden. Anders ausgedrückt: Jesus Christus hat unser Scheitern zu seinem eigenen gemacht. Er ist an unserer Statt und für uns zerbrochen. Wer das annehmen kann, daß mein Scheitern in seinem gewaltsamen Tod aufgehoben und in seiner Auferstehung überwunden ist, der lernt glauben.

Erst wenn wir diesen Zusammenhang erkennen, wenn wir uns nicht mehr gegen das Scheitern wehren, sondern es annehmen, kann unser Leben erneuert werden. Dann lernen wir auch, des anderen Last zu tragen, wie Jesus es getan hat. Denn in seinem Scheitern am Kreuz, in seiner Niederlage, in seiner Ohnmacht wird Gottes Liebe offenbar.

»Wir verkündigen den gescheiterten Christus«, schreibt Paulus, »für Juden ärgerlich, für Griechen unsinnig, aber für die, die glauben, Gottes Kraft und Weisheit.« Ich wünschte, daß wir dieses Geheimnis erkennen und in der Schwachheit Gottes stark sind, denn sie ist stärker als Menschen, die in eigener Stärke agieren. »Du nimmst die Gescheiterten in Schutz vor dem Recht der Rechtschaffenen«, betet Jörg Zink, »mach uns dir gleich, damit wir Menschen werden.«

Es ist eine große Befreiung, wenn wir glauben und erkennen, daß Gott uns in dem gekreuzigten Jesus von Nazareth auch als Gescheiterte liebt und annimmt. Ich habe erfahren, daß ich dann frei werde von all den Zwängen, die mich zum Erfolg verurteilen: daß ich dadurch frei geworden bin zu größerem Vertrauen und zu einem persönlichen Lebensstil – auch im Alltag.

Damit ändert sich der Maßstab: Die Solidarität im Scheitern und mit den Gescheiterten ist Prüfstein unserer Menschlichkeit und unseres Glaubens.

5.4 Einige praktische Folgerungen

Mit dieser Forderung ziehe ich einige Folgerungen aus dem bisher Gesagten für das Zusammenleben der Menschen: der Schüler, Lehrer und Eltern in der Schule und während der Schulzeit.

Wie groß ist die Chance, daß ein Lehrer seinen Schülern als Mitmensch, als exemplarischer Erwachsener, ja als Freund begegnet! Sollten wir nicht konsequent darauf hinarbeiten, daß die starre Ritualisierung aller schulischen Abläufe und die erschreckende Formalisierung im Umgang von Schülern, Eltern, Lehrern und Schulaufsicht gelockert, ja überwunden wird? Dazu gehört allerdings, daß wir einen Spielraum und Freiraum nutzen oder schaffen und der Mut zu selbständigem, kreativem Handeln wieder wächst. Dieser Schritt gelingt nur, wenn wir die Ebene der Betrachtung wechseln und die Maßstäbe radikal ändern.

Das beginnt wohl damit, daß wir nicht länger von Lehrplänen, Curricula, Prüfungsnormen, Leistungsanforderungen und Lernzielen her denken, sondern uns durch die konkreten Menschen bestimmen lassen, die in der Schule einander begegnen.

Kinder und Heranwachsende suchen nach Anlässen und Möglichkeiten, um auch in der Schule und mit ihren Lehrern ein ganz normales Verhalten zu entwickeln, um Alltagserfahrungen und schulisches Lernen miteinander verbinden zu können. Sie möchten als Menschen ganzheitlich angesprochen und ernstgenommen werden. Wie können wir Erfahrungsräume erschließen, Arbeitsvorhaben entwerfen, Sozialbeziehungen entwickeln, in denen Kinder, Jugendliche, Erzieher, Lehrer, Eltern und andere Erwachsene zugleich miteinander leben und lernen können? Die Entschließung der Synode der EKD im November 1978 antwortet darauf:

- »Indem die täglichen Aufgaben, Probleme und Konflikte mehr als bisher als gemeinsame gesehen und diskutiert und neue Lösungen erprobt werden,
- indem diese Aufgaben nicht nur aus der Sicht der Institution, der professionellen Erzieher und Lehrer definiert und bearbeitet werden, sondern ihre Bedeutung und Auswirkung auf die persönliche, familiäre, beruflich-gesellschaftliche Situation der Beteiligten gesehen und Einwände, Fragen und Vorschläge von jedem vorgebracht werden,
- indem informelle Beziehungen innerhalb und außerhalb der Institution verstärkt, ermöglicht und gefördert werden, also Gespräche, Freundschaften, Besuche, Geselligkeit, gemeinsame Verabredungen, Unternehmungen usw.
- indem der Anteil an musischen, kulturellen, festlichen Ereignissen und Angeboten, an Spiel und Sport, im gemeinsamen Leben und Lernen von Kindern, Eltern, Pädagogen, Fachkräften erhöht wird,
- indem die Beziehungen zu den Kirchengemeinden und Kirchenkreisen/Dekanaten, ihren Mitarbeitern, Arbeitszweigen und Einrichtungen aufgenommen und verstärkt werden.«

Wäre es nicht notwendig und an der Zeit, die Schule viel selbstverständlicher zur Familie, zur Gemeinde, zum Gemeinwesen hin zu öffnen, um die Angstschwellen abzubauen, die immer stärker werden? Ich meine, nur so können die Chancen der Integration persönlicher, fachlicher und öffentlicher Lernprozesse erhöht werden.

In diesem Sinne führt E. Eppler aus:

»Wir werden dazu kommen müssen, daß am Ort der Schule darüber gesprochen wird, wie die Schule humaner, offener werden kann. Die Schule muß sich öffnen, zu den Familien hin, zu der Arbeitswelt hin, sie sollte nicht nur Objekt, sondern auch Subjekt von Kommunalpolitik sein, sie sollte selbst aktiv am Leben der Gemeinde mitwirken, mit eigenen Aktionen von Schülern, Eltern und Lehrern die Verbindung von Schule und Gemeinde schaffen, denn schließlich ist es ein Gemeinplatz der Pädagogik, daß man durch nichts besser lernt als durch eigenes Tun.

So wie die Kleinfamilie bei uns in die Krise kommt, wenn sie sich nicht nach außen öffnet, so erstickt die Schule, wenn Lehrer und Schüler ganz unter sich bleiben wollen« (a.a.O., S. 7f.).

Zum Schluß komme ich auf den Ausgangspunkt zurück: Für mich steht fest, daß wir dem Dilemma des Lernens und der Lerninstitutionen nur auf den Grund kommen, wenn wir das biblische Symbol vom Menschen als einem Bild Gottes wieder in sein Recht einsetzen. Demgegenüber sind alle Anstrengungen, Menschenbildung am Bild des Menschen ohne Gott zu orientieren, eindimensional, eine Reduktion. Menschsein bleibt ein Geheimnis, das sich nur im Gegenüber zu Gott erschließt. Alle wissenschaftlichen, gesellschaftlich-politischen oder pragmatisch-technischen Versuche, den Menschen zu entschlüsseln und zu definieren, können ihn immer nur partiell erfassen. Seine Identität ist seine Gotteskindschaft. Das ist der neue Bezugsrahmen (im Sinne von Watzlawick), der uns neu sehen läßt, wie das Dilemma der Schule und des Lernens aufgebrochen werden kann.

Als Vater Mutter möchte ich eigentlich

daß es mein Kind einmal besser hat
und versaue ihm jetzt so manchen Tag
meinem Kind das Mitkommen erleichtern
und quäle es über den Hausaufgaben
mein Kind ermutigen, bestätigen, loben
und kritisiere, schimpfe, drohe, strafe jeden Tag
Zeit haben für mein Kind, für seine Probleme, Hoffnungen, Wünsche
und fühle mich selbst gehetzt
meinem Kind wirklich Partner sein
und muß doch laufend die Autorität herausspielen
auf mein Kind stolz sein
und erwarte so viel, daß ich enttäuscht werden muß
in meiner Freizeit mit den Kindern spielen, einmal Ruhe haben
und bin doch laufend als Hilfslehrer gefordert
daß mein Kind nach seinen Möglichkeiten arbeitet, lernt
und stelle es laufend in die Konkurrenz zu anderen
die Schule auf den Kopf stellen
und wage es nicht einmal zu sagen
politisch mithelfen, die Schule menschlicher zu machen
und zögere vor jedem vollen Engagement
viel Freude mit meinen Kindern haben
und empfinde so oft Ungeduld, Ärger, Sorgen, Zweifel
mit den LEHRERN eng zusammenarbeiten
und habe doch ANGST
vor deren Überheblichkeit
Gleichgültigkeit
Verallgemeinerung
Besserwisser-Ratschlägen
Anspruch
Überforderung
vor meiner ANGST vor ihnen

H.g. Arbeitsgemeinschaft Evangelischer Erzieher in Deutschland (AEED) · Bundesvereinigung Evangelischer Eltern und Erzieher e. V. (BEE)

Als Lehrer möchte ich eigentlich

jedem einzelnen Schüler helfen
und muß ihn doch wie 1/28 Klasse behandeln
Freude an der Arbeit in der Schule haben
und empfinde sie so häufig als Last
den Schülern wirklich Partner sein
und muß doch laufend die Autorität herausspielen
jeden Schüler ermutigen, bestärken, loben
und kritisiere, schimpfe, drohe, strafe jeden Tag
Zeit haben für die Schüler, für ihre Probleme, Hoffnungen, Wünsche
und lasse mich doch von meinen Stoffplänen hetzen
gerade die schwächeren Schüler fördern
und finde mich damit ab, daß sie schwach begabt sind
von Kollegen lernen *und bin froh, wenn sie aus meinem Unterricht bleiben*
meine Disziplinprobleme mit den Kollegen besprechen
und fürchte ihr Urteil
die ganze Schule pädagogisch auf den Kopf stellen
und resigniere vor Klassenstärken, Zensuren, Erlassen ...

politisch mithelfen, die Schule schülergerechter zu machen
und zögere vor jedem vollen Engagement
Erfolge sehen, durch sie Bestätigung, Lob erfahren
und spüre laufend Mißerfolge, Versagen, Scheitern
mit den ELTERN eng zusammenarbeiten
und habe doch ANGST
vor deren Überheblichkeit
Gleichgültigkeit
Verallgemeinerung
Besserwisser-Ratschlägen
Anspruch
Überforderung
vor meiner ANGST vor ihnen

H.g. Arbeitsgemeinschaft Evangelischer Erzieher in Deutschland (AEED) · Bundesvereinigung Evangelischer Eltern und Erzieher e. V. (BEE)